INVENTAIRE

F 43.455

ACTE DU 5 AOUT 1873

POUR L'ÉTABLISSEMENT

D'UNE COUR SUPRÊME DE JUSTICE

EN ANGLETERRE

TRADUIT ET PRÉCÉDÉ D'UNE NOTICE SUR L'ORGANISATION JUDICIAIRE ANGLAISE

PAR

Alexandre RIBOT

SUBSTITUT AU TRIBUNAL DE LA SEINE

Extrait de l'*Annuaire de la Société de Législation comparée.*

PARIS

COTILLON, ÉDITEUR, LIBRAIRE DU CONSEIL D'ÉTAT

24, rue Soufflot, 24

—

1874

ACTE DU 5 AOUT 1873

POUR L'ÉTABLISSEMENT

D'UNE COUR SUPRÊME DE JUSTICE

EN ANGLETERRE.

INTRODUCTION.

Sommaire. — Organisation judiciaire en Angleterre. — Cours inférieures. — Cours supérieures. — Cours de droit commun; leur origine. — Compétence et procédure. — Assises et circuits. — Composition actuelle.
Haute Cour de chancellerie; origine de la juridiction d'équité. — Affaires soumises à la Cour de chancellerie. — Organisation de la Cour de chancellerie.
Haute Cour d'amirauté; ses attributions. — Cours des testaments et des divorces. — Cour des faillites. — Inconvénients de la séparation des Cours de droit commun et de la Cour de chancellerie. — Tentatives pour supprimer ces inconvénients. — Résultats des réformes partielles. — Cours d'appel intermédiaires. — Chambre de l'échiquier. — Cour d'appel de chancellerie. — Juridiction de la Chambre des lords; son origine, son étendue. — Défauts de cette juridiction. — Tentatives de réforme. — Comité judiciaire du Conseil privé.
Commission de judicature; ses travaux de 1867 à 1869. — Établissement d'une Cour suprême. — Division de la Cour suprême en Chambres. — Nombre de juges nécessaire pour la validité des jugements. — Procédure. — Cour d'appel. — Bills de 1870 et 1872. — Bill de 1873. — Discussion à la Chambre des lords. — Discussion à la Chambre des communes. — Résumé.

Les changements apportés par l'acte du 5 août 1873 dans l'organisation judiciaire de l'Angleterre sont considérables; ils avaient été reconnus depuis longtemps comme nécessaires et avaient été préparés par les travaux de plusieurs commissions et par une série de réformes partielles.

De même que la plupart des institutions anglaises, l'organisation des Cours de justice n'a pas été créée d'un seul jet, à une époque plus ou moins voisine de nous, à la suite d'une de ces révolutions qui, faisant table rase du passé, permettent au législateur de tout reconstruire sur un plan méthodique et uniforme. Au contraire, cette organisation, quoique assez souvent modifiée, a gardé en ses parties principales la marque visible de son origine reculée; au premier coup d'œil qu'un visiteur étranger, à son arrivée en Angleterre, jette sur les Cours de Westminster ou sur la Cour de chancellerie, il devinerait, s'il ne le savait déjà, que ces Cours siégent et rendent la justice depuis plusieurs siècles.

Sans doute, dans ces dernières années, la procédure devant toutes ces Cours a subi de nombreux et profonds changements : elle est devenue plus simple, plus rapide, moins coûteuse; mais néanmoins, jusqu'à ce jour, les plaideurs ont eu de grandes difficultés à obtenir une complète justice; les procès ont été souvent interminables. Le plus grand défaut du système anglais était dans le manque d'unité et d'harmonie des juridictions supérieures. Ces juridictions divisées, parfois hostiles, se gênaient mutuellement dans leur action et manquaient des pouvoirs nécessaires pour terminer complétement les procès qui leur étaient soumis. On ne trouverait dans au-cun autre pays, pas même dans l'ancienne Rome, quelque chose de sem-blable à la division du *Common law* et de l'*Equity*, à cette coexistence de deux juridictions, dont l'une est chargée de compléter ou d'infirmer les décisions de l'autre, en partant de principes entièrement opposés à ceux auxquels cette dernière se croit tenue d'obéir. Il serait impossible, sinon par des considérations purement historiques, d'expliquer ce dualisme, cette contradiction permanente qui s'est perpétuée jusqu'à nos jours, et qui ne disparaîtra pas sans laisser dans le droit anglais tout entier la trace de sa longue existence.

Pour qu'on puisse apprécier la portée de la réforme qui vient de s'ac-complir, nous indiquerons brièvement quelle était, en 1873, et quelle est encore, à l'heure présente (1), la constitution des Cours de justice en Angle-terre.

I

Cours inférieures de justice. — Nous ne dirons que très-peu de mots des juridictions inférieures, auxquelles l'acte du 5 août 1873 n'a d'ailleurs presque pas touché. La plus importante de ces juridictions en matière ci-vile, celle qui a pris la place de presque tous les anciens tribunaux infé-rieurs et finira par les remplacer tous, est d'origine moderne; les Cours de comté (*county Courts*), instituées en 1846, sont aujourd'hui au nombre de soixante, et tiennent leurs audiences dans cinq cent vingt et un endroits différents de l'Angleterre, tantôt tous les mois, tantôt tous les deux mois. Elles sont formées d'un juge unique et ont compétence en matière de con-trats jusqu'à 50 livres (1,250 fr.), et en matière de délits ou quasi-délits jusqu'à 10 livres (250 fr.). Certaines actions, telles que celles pour diffama-tion, séduction, etc., ne leur appartiennent qu'en vertu d'une délégation des Cours supérieures. Dans la plupart des cas, les juges de ces Cours dé-cident, tant en fait qu'en droit, sans l'assistance du jury (2). Diverses lois

(1) L'acte du 5 août 1873 ne doit être mis à exécution qu'à partir du 2 no-vembre 1874.

(2) En 1870, sur 523,310 affaires portées devant les Cours de comté, 522,419 ont été décidées par le juge et 921 seulement ont été soumises à un jury, lequel, en pareil cas, est composé de cinq personnes.

ont attribué aux Cours de comté juridiction non-seulement en matière de
droit commun (*common law*), mais encore en certaines matières d'équité
(*equity, chancery*), jusqu'à concurrence de 500 livres, en matière de testaments (*probate*), en matière d'amirauté (*admiralty*) et en matière de faillite
(*bankruptcy*). Toutefois il faut remarquer que le juge'investi de ces diverses
juridictions ne peut les exercer simultanément et cumulativement dans un
seul et même procès; il réunit en sa personne les pouvoirs qui, au-dessus
de lui, sont divisés entre plusieurs Cours indépendantes; mais il représente
successivement chacune de ces Cours, et les décisions qu'il rend sont
portées en appel, suivant les cas, tantôt devant une des Cours de droit
commun, tantôt devant la Cour de chancellerie, tantôt devant la Cour
d'amirauté (1).

A côté des Cours de comté, subsistent encore vingt-six tribunaux ayant,
en matière civile, une compétence locale, d'ailleurs peu étendue; ces tribunaux, connus sous les noms de *borough*, *hundred*, *manorial Courts*, ont
été saisis, en 1870, de 4,898 affaires. Il faut citer également la Cour du
lord maire de Londres, qui a connu, durant la même année, de 14,944 contestations civiles.

En matière criminelle, les tribunaux dits inférieurs sont formés par les
juges de paix, siégeant à deux (*petty sessions*) ou réunis en sessions trimestrielles (*quarter sessions*) et assistés d'un jury. La compétence de ces
tribunaux, quoique très-large, ne s'étend pas aux crimes les plus graves.
Ils sont en outre investis d'attributions administratives dont nous ne pouvons ici donner même le plus léger aperçu. A Londres et dans plusieurs
grandes villes, les *petty sessions* ont été supprimées, et les juges de paix
sont remplacés par des magistrats de police (*stipendiary magistrates*)
nommés par la Reine, recevant un traitement et ayant une compétence
étendue soit pour l'instruction des affaires criminelles, soit pour le jugement
des infractions secondaires (2).

Cours supérieures de justice. — Sous ce titre de Cours supérieures, on
range un certain nombre de Cours établies à Londres pour toute l'Angleterre, auxquelles appartient la juridiction, en première instance, sur toutes
les affaires au-dessus de la compétence des tribunaux inférieurs et le droit
de reviser les jugements de ces tribunaux, ou même d'évoquer les procès
qui leur sont soumis.

Les Cours supérieures sont : les trois Cours de droit commun de Westminster, la haute Cour de chancellerie, la haute Cour d'amirauté, la Cour

(1) Le nombre des appels est presque insignifiant; en 1870, 22 devant les
Cours de droit commun, 6 devant la Cour de chancellerie. Nous ne pouvons
que renvoyer ceux de nos lecteurs qui voudraient connaître l'organisation des
Cours de comté à l'étude remarquable publiée dans le *Bulletin* de la Société
de législation (t. IV, p. 380) par M. Ernest Bertrand.

(2) Les juges de police peuvent prononcer l'emprisonnement jusqu'à six
mois.

des testaments, la Cour des divorces, et enfin la Cour des faillites de Londres (1).

Essayons d'indiquer, aussi rapidement que possible, l'origine et les attributions de chacune de ces Cours :

Cours de droit commun; leur origine. — Les trois Cours de droit commun, désignées sous les noms de Cour du banc de la Reine (*Queen's bench*), Cour des plaids communs (*common pleas*), Cour de l'Échiquier (*exchequer*), ont leur commune origine dans l'ancienne Cour de justice des rois normands. Au temps de la Grande Charte, et même sous le règne de Richard I", existaient trois sections de la Cour du roi, correspondant aux trois Cours que nous voyons aujourd'hui, et investies chacune d'une compétence propre. L'une d'elles (le roi y siégeait, de là le nom de *king* ou *queen's bench*) était chargée de prononcer sur les affaires criminelles et sur toutes celles où la puissance publique est engagée; une autre devait statuer sur les procès ordinaires entre particuliers (*common pleas*); enfin la dernière avait juridiction dans les matières fiscales (*exchequer*). On sait que, grâce à certaines fictions de procédure, aujourd'hui entièrement abolies (2), les Cours du banc de la Reine et de l'Échiquier, empiétant sur le domaine de la Cour des plaids communs, sont arrivées de bonne heure à connaître des procès civils entre particuliers. Depuis environ quarante ans il n'existe presque plus de différence, en ce qui a trait à la compétence, entre ces trois Cours (3); toutes les différences de procédure (elles étaient nombreuses autrefois) ont complétement disparu.

(1) Nous ne comprenons pas dans cette énumération les Cours des comtés palatins de Lancastre et de Durham, quoiqu'elles aient une compétence analogue à celles des Cours que nous venons de citer; en effet, la juridiction de ces Cours est purement locale; elles sont d'ailleurs condamnées à disparaître par l'acte du 5 août 1873. Il est aussi bien entendu que nous ne disons rien des Cours d'Écosse ou d'Irlande. Voir pour l'organisation judiciaire en Écosse, un excellent travail de M. du Buit, publié dans le *Bulletin* de la Société de législation (t. IV, p. 324).

(2) St. 2 Will, IV, c. 39.

(3) Cependant la Cour du banc de la Reine est spécialement investie de la juridiction, en matière criminelle ; c'est elle aussi qui, à l'exclusion des deux autres Cours, exerce une surveillance générale sur les magistrats inférieurs, sur les corporations, et en général sur tous les officiers publics, qu'elle a mission de contenir dans les bornes de leurs pouvoirs légaux et qu'elle peut contraindre à l'accomplissement de leurs devoirs, au moyen d'ordres (*mandamus*) ayant pour sanction immédiate l'emprisonnement.

La Cour des plaids communs connaît seule, en vertu d'un acte de 1868, de la validité des élections parlementaires contestées soit pour cause de corruption, soit pour toute autre cause; c'est à elle que sont portés les appels des décisions des avocats chargés de la révision des listes électorales (*revising barristers*). Elle était investie aussi de la mission de trancher les difficultés qui s'élèvent au sujet de l'exploitation des chemins de fer et des canaux (acte de 1854) ; mais cette compétence vient d'être transportée, par une loi de la dernière ses-

Compétence et procédure des Cours de droit commun. — La juridiction de l'ancienne *Aula regia* s'étendait pour ainsi dire à toutes les matières du droit, parce que le droit commun (*common law*) était l'unique loi civile. Depuis que s'est formée la juridiction d'équité, le domaine des Cours de droit commun a été singulièrement rétréci ; cependant il comprend, outre les matières criminelles, beaucoup de matières qui, dans notre pays, seraient de la compétence administrative, et toutes les matières de droit civil et commercial que la Cour de chancellerie et les autres Cours supérieures ne revendiquent pas pour elles-mêmes. La juridiction des Cours de droit commun est donc générale, en ce sens du moins que tout ce qui n'en a pas été détaché, soit par une loi, soit par les usurpations de la Cour de chancellerie, leur appartient.

Le caractère fondamental de la procédure, en matière civile, devant les Cours de droit commun, c'est le principe, anciennement établi et toujours conservé, que les questions de fait doivent être tranchées par un jury et les questions de droit par les magistrats. Pendant plusieurs siècles, l'habileté et la subtilité des jurisconsultes se sont exercées à chercher les moyens de dégager, en toute affaire, les points de droit et les points de fait ; de là ce formalisme étroit, minutieux et compliqué, qui a été imposé sous le nom de *special pleadings* (1), à la procédure échangée entre les parties avant le jugement, et dont le but est de fixer d'une manière précise le terrain même de la discussion. Quels que puissent être les avantages du jury en matière civile, il faut bien reconnaître que beaucoup de procès, par leur nature même, échappent à sa compétence ; aussi n'est-on pas surpris de voir que la Cour de chancellerie s'est peu à peu emparée de la plupart des affaires qui ne se prêtent pas à la distinction du fait et du droit ou à la position de questions simples pouvant être l'objet d'un débat oral devant le jury (2). La pratique constante de la Cour de chancellerie et la pratique ordinaire des autres Cours supérieures a été, jusqu'à ce jour, de faire trancher par le juge seul toutes les questions de fait et de droit. Au surplus, même devant les Cours de droit commun, les plaideurs sont souvent forcés de reconnaître que certaines affaires ne peuvent être soumises au jury, et d'en confier la décision entière soit aux magistrats, soit à des arbitres. Aussi le nombre

sion (1873), à une commission mixte. (Voir la notice générale de l'*Annuaire*, t. III, p. 8.) Quant à la Cour de l'échiquier, elle a gardé, comme attribution propre, jusqu'à ce jour, une compétence assez étendue en matière fiscale (*revenue*).

(1) Voir p. 52, note 1.

(2) « La procédure de droit commun, disait en 1869 la commission de judicature, avait pour base le jugement par jury et était construite sur la supposition que toute question de fait était susceptible d'être jugée de cette manière ; mais l'expérience a montré que cette supposition était erronée. Un grand nombre d'affaires importantes se présentent dans la pratique des Cours de droit commun qui ne peuvent être convenablement adaptées à ce mode de jugement ; finalement, ces affaires vont à la Cour de chancellerie, ou les plaideurs sont obligés d'avoir recours à un arbitrage privé pour suppléer aux défauts d'une procédure insuffisante. » (*Commission of judicature; first report*, 1869.)

des procés où un jury est appelé à résoudre les questions de fait est moins considérable qu'on pourrait l'imaginer (1).

Assises et circuits. — Les sessions du jury se tiennent soit à Londres, soit dans les comtés; depuis plus de sept siècles, les juges des Cours de Westminster se rendent, deux fois par an, au printemps et à l'été, dans les principales villes de l'Angleterre, et y président au jugement des causes criminelles et civiles par un jury composé des principaux habitants du comté. L'Angleterre a été divisée, pour ces tournées judiciaires, en huit provinces ou *circuits* auxquels l'acte du 5 août 1873 n'apporte aucun changement (2). Plusieurs fois la création de Cours provinciales permanentes a été mise en question; elle a toujours été repoussée. L'acte du 5 août 1873, en réunissant toutes les Cours supérieures et en supprimant les Cours locales de Lancastre et de Durham, a fortifié plutôt qu'affaibli cette centralisation judiciaire, à laquelle les Anglais paraissent être très-attachés. On fait remarquer, non sans raison, que c'est à cette centralisation que l'Angleterre doit, dans le passé, d'avoir gardé l'unité de législation au sein même de la société féodale; on ajoute, pour le présent, que rien ne saurait remplacer les garanties offertes aux justiciables des comtés les plus éloignés par les magistrats des Cours supérieures, qu'accompagnent dans tous leurs voyages les avocats les plus éminents et les correspondants des divers journaux (3).

Composition actuelle des Cours de droit commun. — Chacune des Cours de droit commun est composée d'un président (4) et de cinq juges.

Le nombre des juges a souvent varié; il était de douze (y compris les présidents) avant 1830; il a été porté à quinze après la réunion aux Cours de Westminster des Cours du pays de Galles. En 1868, ce nombre a été fixé à dix-huit, par suite de la loi qui a confié à la Cour des plaids communs la mission de statuer sur la validité des élections au Parlement contestées.

Il nous est impossible d'entrer ici dans de plus longs détails soit sur la constitution de ces Cours, soit sur la procédure suivie devant elles; nous renvoyons au surplus nos lecteurs aux notes qui accompagnent la traduc-

(1) En 1870, le nombre total des affaires portées devant les trois Cours de Westminster, où un jury a été convoqué, s'élève à 2,632; 1,205 de ces affaires ont été jugées à Westminster et 1,428 dans les tournées des juges (*at nisi prius on circuit*). Il avait été délivré dans la même année 72,660 permis de citer et 23,577 personnes avaient comparu, en qualité de défendeurs. On voit par le rapprochement de ces chiffres qu'un très-grand nombre d'affaires sont supprimées avant d'être soumises au jury.

(2) Voir notes sous l'article. Nous devons mentionner ici qu'il existe à Londres, depuis 1834, une Cour criminelle centrale, siégeant tous les mois sous la présidence soit de juges des Cours de droit commun, soit de divers officiers judiciaires de la cité de Londres, tels que le *recorder* ou le *common serjeant*.

(3) Voir Hallam, *Middle ages history*, II, 463.

(4) Le président du *queen bench* s'appelle *lord chief justice of England*: celui des plaids communs a le titre de *chief justice*, celui de l'Échiquier s'appelle *chief baron* et les juges de cette dernière Cour ont également le titre de barons.

tion des principaux articles de la loi nouvelle. Tout ce qui est relatif aux
appels des jugements des Cours de droit commun sera traité plus loin dans
un paragraphe distinct.

II

Haute Cour de chancellerie; origine de la juridiction d'équité. — La
tendance des Cours de droit commun a été, de tout temps, de s'attacher
rigoureusement aux vieilles formules et aux précédents, même lorsqu'ils
répugnaient le plus aux idées de justice nouvellement répandues, et ne pouvaient se plier aux transformations de la société. Cette fidélité, presque
superstitieuse, à la lettre des anciennes décisions et aux formes surannées
de procédure eut, dès le xiii⁰ siècle, des inconvénients si marqués que le
chancelier, agissant au nom du roi, n'hésita pas à intervenir pour arrêter
l'exécution des sentences qui blessaient trop ouvertement l'équité, ou pour
rendre la justice dans les cas où le droit commun ne fournissait aucun remède. Peu à peu naquit et se développa une véritable juridiction, qui eut
ses règles, ses précédents, sa jurisprudence propres, et il faudrait tout un
livre pour raconter en détail les commencements de cette juridiction et
les luttes, parfois violentes, qu'elle eut à soutenir contre les Cours de droit
commun. Ce que nous devons retenir, c'est qu'au commencement du
xvii⁰ siècle la séparation du *droit commun* et de l'*équité* était définitivement
établie et consacrée; le droit anglais était divisé en deux droits distincts,
fondés sur des principes différents et appliqués par deux juridictions indépendantes.

Le procédé pratique, employé par le chancelier pour intervenir dans le
jugement des affaires ou pour arrêter l'exécution des décisions des Cours
de droit commun, consistait à appeler devant lui les parties par un ordre,
sous menace de la prison (*writ sub pœna*) et, après les avoir entendues, à
rendre un ordre ou défense (*injunction*) que les parties ne pouvaient se
dispenser d'exécuter sans s'exposer à être emprisonnées pour mépris envers
le lord chancelier (*contempt*) (1).

C'est à l'aide de ce procédé que la Cour de chancellerie a conquis sur les
Cours de droit commun la plus grande partie de son domaine; le restant
lui vient de la délégation royale et des lois qui ont successivement accru sa
compétence.

(1) Au commencement du xvii⁰ siècle, le *chief justice* Coke voulut essayer de
résister aux empiétements de la Cour de chancellerie. Il n'hésita pas, dans un
cas où une partie avait été mise en prison sur l'ordre du chancelier lord Elles-
mere, pour avoir tenté d'exécuter un jugement d'une Cour de droit commun
malgré la défense de la Cour de chancellerie, à délivrer un *writ d'habeas corpus*.
Mais la partie ainsi délivrée fut arrêtée de nouveau par ordre du chancelier,
et, pour la seconde fois, mise en liberté par la Cour de droit commun. Enfin
le chancelier en référa au roi Jacques qui, en se fondant, non sur les précédents, mais uniquement sur la prérogative royale, ordonna au *chief justice*
d'éviter à l'avenir tout conflit. Le *chief justice* se soumit et, quelque temps
après, se retira de son office.

Il serait tout à fait impossible de donner une définition simple et claire de ce qui constitue aujourd'hui la juridiction d'*équité*, par opposition à celle de droit commun. On le comprend d'ailleurs sans peine, puisque ce n'est pas en vertu d'un principe rationnel, mais par suite de circonstances ou d'accidents historiques que le partage s'est fait entre les deux juridictions. Essayons toutefois de présenter un aperçu, au moins sommaire, des principales affaires que décide la Cour de chancellerie et de celles où elle intervient, quoiqu'elle ne soit pas chargée de les juger.

Affaires soumises à la Cour de chancellerie. — La Cour de chancellerie connaît seule, à l'exclusion des Cours de droit commun, des affaires suivantes (1) :

1° Difficultés relatives à l'exécution des fidéicommis ou *trusts* (2);

2° Administration des successions (3);

3° Liquidation de sociétés et comptes entre associés, et en général tous comptes à faire;

4° Partages d'immeubles;

5° Tutelle des mineurs, administration de leurs biens (4);

6° Difficultés en matière de *mortgage* (5);

7° Difficultés en matière de transports de créances ou droits incorporels (6).

En dehors de cette juridiction, déjà très-considérable, la Cour de chan-

(1) Nous n'avons pas la prétention de faire une énumération complète, mais seulement d'indiquer les catégories d'affaires les plus importantes.

(2) C'est là une matière entièrement en dehors du droit commun, qu'on peut à bon droit considérer comme une création de la juridiction d'équité et dont l'importance est considérable; on sait que tous biens, meubles ou immeubles, peuvent être l'objet d'un fidéicommis et qu'un fidéicommis s'établit soit par testament, soit par donation, soit par contrat de mariage. Il faudrait un chapitre entier pour indiquer les principes qui gouvernent cette importante matière.

(3) Toutes les fois qu'il s'agit moins de trancher un procès que de régler une situation complexe ou d'administrer une universalité de droits, la Cour de chancellerie est seule compétente.

(4) C'est la Cour qui nomme elle-même les tuteurs et surveille directement l'administration des biens des mineurs.

(5) Les Cours de droit commun avaient en cette matière une théorie rigoureuse qui, assimilant la constitution de gage ou d'hypothèque à une vente sous condition de rachat, ne permettait pas au débiteur, après le terme expiré, de rentrer en possession de l'objet hypothéqué ou donné en gage, même en offrant le payement intégral de sa dette. Au contraire, la Cour de chancellerie a étendu presque indéfiniment la faculté de rachat (*redemption*).

(6) Dans le droit commun, le transport de créance qui n'a pas été accepté par le débiteur n'a pas d'autre effet que celui d'un mandat à l'effet de toucher le montant de la créance ou d'agir en justice au nom du créancier. La Cour de chancellerie admet au contraire que le transport de créance produit tous ses effets dès qu'il est connu du débiteur.

cellerie en possède une autre beaucoup plus générale, puisqu'il n'est presque pas une affaire à l'occasion de laquelle elle ne puisse intervenir. Disons tout de suite que, même avant la loi du 5 août 1873, cette juridiction avait moins souvent qu'autrefois lieu de s'exercer, par suite de certaines réformes introduites dans la procédure des Cours de droit commun, dont nous parlerons tout à l'heure.

La procédure de droit commun, jusqu'à ces derniers temps, ne permettait pas à une des parties d'interroger ou de faire interroger l'autre partie ou le conjoint de celle-ci, ni d'en exiger la production d'aucunes pièces ou documents. Mais voici ce qui se passait : la partie adressait à la Cour de chancellerie une requête appelée *bill of discovery*, pour être autorisée à faire subir un interrogatoire sur faits et articles à son adversaire ou pour le forcer à livrer les documents en sa possession. La Cour, suivant les circonstances, pouvait décerner un ordre de répondre, avec menace d'emprisonnement, en cas de désobéissance. Dès que l'interrogatoire était terminé ou que les pièces avaient été communiquées, les parties retournaient devant les juges de droit commun.

Toutes les fois qu'il ne s'agit pas d'un procès en revendication de propriété ou de possession (*ejectment*), les Cours de droit commun, s'attachant aux anciennes formes, n'accordent jamais au demandeur que des dommages-intérêts. Or il y a certains cas où l'allocation, même la plus large, de dommages-intérêts, ne répare pas entièrement le préjudice résultant de l'inexécution d'un contrat. Aussi la Cour de chancellerie intervient-elle assez souvent pour forcer la partie défenderesse à exécuter le contrat lui-même (*specific performance of contract*).

Même en l'absence de tout procès et en dehors même de toute violation actuelle du droit, la Cour de chancellerie rend des ordonnances spéciales connues sous le nom d'*injunctions*, pour défendre, sous peine d'emprisonnement, à une personne de commettre tel ou tel acte qui porterait à autrui un préjudice difficilement réparable. Ce pouvoir, bien autrement étendu que celui qui appartient, dans notre législation, aux présidents des tribunaux en matière de *référés*, n'a d'autres limites que celles que la Cour de chancellerie croit devoir lui donner elle-même, en tenant compte des précédents et des circonstances (1).

Dans les cas de *fraude, erreur, accident*, la juridiction d'équité intervient assez souvent pour faire prévaloir, soit au profit du demandeur, soit au profit du défendeur, des théories qui diffèrent de celles suivies par les Cours de droit commun (2).

(1) Nous trouvons de nombreux cas d'*injunctions* en matière de travaux commencés par un voisin au préjudice de son voisin, en matière d'entreprises sur un cours d'eau, en matière de propriété littéraire, artistique, industrielle, en matière de contestations entre associés ou entre commerçants et compagnies de chemins de fer, etc......

(2) Ainsi, pour ne citer qu'un exemple, c'est la Cour de chancellerie qui a pris l'initiative d'obliger le souscripteur d'une lettre de change perdue à en payer le montant, sous la condition que le porteur fournirait caution.

Enfin, d'une manière générale, s'il apparaît qu'une demande portée devant une Cour de droit commun, quoique fondée sur le *common law*, est contraire à l'*équité*, telle qu'elle est comprise par la Cour de chancellerie et définie par les précédents, le défendeur peut s'adresser à la Cour de chancellerie pour faire défendre au demandeur de continuer le procès engagé ou même d'exécuter le jugement déjà obtenu.

Organisation de la Cour de chancellerie. — La Cour de chancellerie résidait autrefois tout entière dans la personne du chancelier. Celui-ci ne pouvant suffire à l'expédition des affaires, devenues de plus en plus nombreuses, se donna comme assistants le maître des rôles (1) (*master of the rolls*) et onze maîtres en chancellerie (*masters in chancery*). Les fonctions de ces derniers ont été supprimées; au contraire, celles du maître des rôles se sont développées, et il peut aujourd'hui remplacer, en première instance, le chancelier dans toutes les affaires. Les décisions qu'il rend sont sujettes à révision par le chancelier lui-même.

En outre, en 1813, un vice-chancelier a été nommé pour tenir les audiences de la Cour de chancellerie en l'absence du chancelier. Deux autres vice-chanceliers ont été nommés en 1841.

Dans toutes les affaires en première instance (2), quelle que soit leur importance, le chancelier, le maître des rôles et les trois vice-chanceliers siégent seuls et sans jury (3). Ils ont d'ailleurs sous leur direction un personnel nombreux de secrétaires, officiers, etc. qui, sous des noms divers, rendent de grands services et expédient dans le cabinet (*in chambers*), à charge d'en référer au juge en cas de difficultés, un nombre d'affaires très-considérable (4).

Avant de montrer les inconvénients de la séparation du droit commun et de l'équité et d'indiquer les réformes tentées pour faire disparaître ces inconvénients, nous devons achever de parcourir le tableau des Cours supérieures. Il nous reste à dire quelques mots de la Cour d'amirauté, de celles des testaments et des divorces et enfin de la Cour des faillites.

III

Haute Cour d'amirauté; ses attributions. — La Cour d'amirauté est très-ancienne, puisqu'elle existait déjà au temps de Henri VIII. Son organisation et sa juridiction ont été profondément modifiées à une époque

(1) Le *master of the rolls* est le gardien général des archives de la chancellerie et du royaume; l'origine de son office remonte jusqu'aux rois normands.

(2) Nous traiterons plus loin de la Cour d'appel de chancellerie.

(3) Il leur est permis, depuis quelques années, de convoquer un jury pour les questions de fait; mais ils n'ont guère usé de ce pouvoir.

(4) Le nombre total des procédures en Cour de chancellerie s'est élevé, en 1869-70, à 87,057.

récente; elle a perdu, en 1834, toute compétence en matière criminelle, mais en vertu des lois de 1840, 1854, 1857, 1861, elle est chargée de statuer, en temps de guerre, sur les prises maritimes et, en temps de paix, elle connaît des abordages entre navires, des rixes, et en général, de tous faits survenus à bord d'un navire en mer, des contestations entre copropriétaires d'un vaisseau, entre l'armateur et les matelots pour le payement des salaires, des difficultés au sujet des prêts à la grosse, etc.

Il n'y a qu'un seul juge de la Cour d'amirauté nommé par la reine; il décide toutes les questions de fait ou de droit, et n'a même pas, comme la Cour de chancellerie, le pouvoir de convoquer un jury. La procédure de la Cour d'amirauté, amendée en 1861, se rapproche beaucoup de celle en usage dans les Cours de droit commun.

Cours des testaments et des divorces. — Jusqu'en 1857, les divorces ne pouvaient être prononcés que par une loi spéciale, et les difficultés relatives à la validité des mariages et à celle des testaments étaient jugées par les Cours ecclésiastiques (1). Deux lois du 25 et du 28 août 1857 (20 et 21 Vict., c. 77 et 85) ont établi à Londres deux Cours nouvelles sous le titre de *Court of probate* et de *Court of divorce and matrimonial causes.* L'une d'elles est chargée de la vérification (*probate*) des testaments; l'autre a reçu compétence pour prononcer le divorce dans certains cas déterminés et pour statuer sur les actions en nullité de mariage ou en déclaration de légitimité d'enfants. Il peut être nommé un seul juge pour les deux Cours ou pour chacune d'elles; ce juge statue le plus ordinairement seul et quelquefois avec l'assistance d'un jury.

Cour des faillites. — La loi de 1869 sur les faillites (32 et 33 Vict., c. 71) a établi pour Londres et le district métropolitain une Cour des faillites composée d'un juge et d'un certain nombre d'officiers publics, tels que *registrars* (au nombre maximum de quatre), *clerks*, etc. En certains cas, le juge peut convoquer un jury; ses décisions, comme nous le verrons plus loin, sont portées en appel devant la Cour de chancellerie. Il est lui-même juge d'appel pour tous les jugements rendus, en matière de faillite, par les Cours de comté.

Inconvénients résultant de l'existence de juridictions supérieures indépendantes et notamment de la séparation des Cours de droit commun et de la Cour de chancellerie. — Plus est grand le nombre des juridictions su-

---

(1) Bien que leur compétence soit aujourd'hui très-réduite, il existe encore plusieurs Cours ecclésiastiques, dont la plus importante est la *Cour des arches* (ainsi nommée parce qu'elle se tenait autrefois dans l'église de Sainte-Marie-des-Arches). La juridiction des Cours ecclésiastiques comprend les matières suivantes : difficultés relatives aux taxes d'église, aux siéges réservés dans les églises, dilapidations des propriétés ecclésiastiques, discipline des membres du clergé, etc... Le nombre des procès jugés en 1870 par tous les tribunaux ecclésiastiques ne s'est élevé qu'à 13.

périeures indépendantes, plus on est exposé à voir se produire des conflits et des contradictions dans la jurisprudence. Mais le mal est surtout grand quand la distinction entre deux juridictions, telles que les Cours de droit commun et la Cour de chancellerie, est purement artificielle.

La création de la juridiction d'équité a pu, au début, être considérée comme un bienfait; mais la rupture qui s'en est suivie dans le droit anglais a été la source des plus graves inconvénients. On peut aisément imaginer à quelle confusion, à quels conflits, à quelles lenteurs de procédure cette division a donné lieu. Supposons un procès engagé dans une Cour de droit commun; une des parties veut faire interroger son adversaire ou obtenir communication de certaines pièces, elle était forcée, avant 1852, d'introduire une demande spéciale, à cet effet, devant la Cour de chancellerie.

Un demandeur a obtenu d'une Cour de droit commun des dommages-intérêts pour violation de son droit, dans le passé ; s'il veut, pour l'avenir, obtenir une défense ou *injunction*, il doit s'adresser, par une nouvelle procédure, à la juridiction d'équité. A l'inverse, s'il s'était pourvu d'abord devant cette dernière juridiction, il serait ensuite forcé d'aller devant une Cour de droit commun pour se faire allouer des dommages-intérêts, à raison du préjudice par lui subi dans le passé; car les Cours de droit commun sont seules compétentes pour prononcer une condamnation à des dommages-intérêts. Dans le cas où une action intentée devant une Cour de droit commun, bien que conforme au *common law*, était contraire en quelque point à l'*équité*, le défendeur ne pouvait se prévaloir, devant la juridiction de droit commun, de l'exception que le droit *équitable* avait créée en sa faveur; il lui fallait de toute nécessité commencer, de son côté, une procédure séparée devant la Cour de chancellerie, à l'effet d'obténir contre le demandeur une défense de continuer son procès devant la Cour de droit commun. Il est inutile d'insister plus longtemps pour démontrer l'imperfection grave d'un système judiciaire qui obligeait les plaideurs à des procédures multiples, à des frais énormes, et les exposait en outre à des conflits et à des complications parfois inextricables.

Mais la séparation des deux juridictions de droit commun et d'équité n'a pas eu seulement dans la pratique de graves inconvénients; elle a en outre exercé sur le développement du droit anglais la plus fâcheuse influence. « Par l'effet de cette division, disait lord Westbury (1), l'esprit de ceux qui étudient le droit, tel qu'il est appliqué par les Cours de droit commun, s'est trouvé exclu de toute connaissance intime de l'administration de la justice en matière d'accident, d'erreur, de fraude (sauf dans sa forme la plus grossière), de fidéicommis, de mesures préventives pour empêcher une violation du droit imminente, d'exécution directe de contrats... Ainsi devenu étranger aux branches les plus importantes des lois, l'esprit du *common lawyer* s'est appliqué à l'étude et à la pratique de la théorie du *special pleading* (2) et l'a développée avec toute la subtilité de la philosophie sco-

____

(1) *Proceedings of the juridical Society*, vol. 1.
(2) Voir p. 32, note 1.

lastique. Grâce à la division tout artificielle d'une science indivisible, il
s'est formé deux sortes d'esprit juridique, dont chacun ne connaît qu'une
partie et dont aucun n'est familier avec le système entier du droit anglais. »

*Tentatives pour supprimer les inconvénients de la division du droit com-
mun et de l'équité.* — Depuis 1850, plusieurs commissions ont été instituées
pour rechercher les moyens d'améliorer la procédure des Cours supérieures
et de faire disparaître quelques-uns des graves inconvénients résultant de
la division du droit commun et de l'équité. Les rapports publiés par ces
commissions mériteraient d'être analysés; nous ne pouvons que les mentionner. Une commission, chargée d'étudier l'organisation des Cours de
droit commun, a déposé en 1851 un premier rapport (1), un second en
1853 (2) et un dernier en 1860 (3). Une autre commission, investie d'une
mission analogue en ce qui concerne la Cour de chancellerie, a publié
successivement trois rapports considérables, en 1852, 1854 et 1856 (4).

Les auteurs de ces rapports étaient unanimes pour signaler le mal et indiquer le remède à y apporter. « Il nous a paru, disait le rapport de 1851,
que les Cours de droit commun, pour être capables d'administrer la justice
d'une manière satisfaisante, devraient avoir en toute matière le pouvoir
d'ordonner toutes les mesures nécessaires à la protection des droits fondés
sur le *common law* et de prévenir les violations de ces droits, soit que le
mal ait été commis ou ne soit encore que menaçant. La réunion, dans les
mains de la même Cour, de tous les éléments d'un remède complet est évi-
demment désirable, pour ne pas dire indispensable, à l'établissement d'un
système rationnel de procédure. »

Plusieurs lois (5) ont été votées pour réaliser, au moins dans une certaine
mesure, les vœux exprimés par les commissaires.

En vertu de ces lois, les Cours de droit commun ont été autorisées à ordonner un interrogatoire sur faits et articles dans tous les cas où la Cour de
chancellerie l'eût ordonné elle-même. Ces mêmes Cours ont reçu un pouvoir
limité de faire des défenses pour l'avenir (*injunctions*) ou de permettre au
défendeur dans un procès de se prévaloir d'une exception fondée sur
l'équité. D'autre part, la Cour de chancellerie s'est vue non-seulement autorisée, mais obligée à décider par elle-même, sans avoir recours comme

(1) *First report of commissioners for inquiring into the process, practice and
system of pleading in the superior Courts of common law*, etc... 1851.

(2) *Second report*, etc... 1853.

(3) *Third report*, etc... 1860.

(4) *First, Second, Third reports of commissioners appointed to inquire into the
process, practice and system of pleading in the Court of Chancery...*

(5) Voici le titre et la date des principales de ces lois :

Common law procedure acts, 1852 (15 et 16 Vict., c. 76), 1854 (17 et 18 Vict.,
c. 125), 1860 (23 et 24 Vict., c. 126).

*An act to amend the practice and course of procedure in the high Court of Chan-
cery*, 1852 (15 et 16 Vict., c. 86).

Chancery amendment act, 1858 (21 et 22 Vict., c. 27).

autrefois aux Cours de droit commun, toutes questions de droit commun, soit qu'elles naissent incidemment au cours d'un procès, soit qu'elles constituent la base d'un procès commencé en vue d'obtenir un remède plus complet et plus efficace que ceux dont disposent les Cours de droit commun. La faculté a été accordée aussi à la Cour de chancellerie d'allouer, dans certains cas, des dommages-intérêts à raison de l'inexécution de contrats ou de quasi-délits, et enfin il lui a été permis de convoquer un jury pour lui soumettre des questions de fait.

Résultats de ces réformes partielles. — Tous ces changements partiels ont eu des résultats heureux, mais insuffisants.

« La faculté conférée à la Cour de chancellerie, dit la commission de judicature (1), de décider elle-même toutes les questions de droit commun a produit de bons effets......; quant au jugement par jury, soit par suite de la résistance du juge ou des avocats, soit par suite de la complexité des questions ou de la nature particulière des affaires soumises à la juridiction d'équité, il n'a été essayé que dans un petit nombre de cas.

« Dans les Cours de droit commun, le pouvoir de forcer l'une des parties à répondre ou à produire des documents a été largement exercé et d'une manière très-salutaire; mais le droit conféré à ces Cours de faire des injonctions et d'avoir égard à des exceptions fondées sur l'équité a été soumis à de telles restrictions que ces remèdes n'ont guère été d'un grand secours, et que les plaideurs ont été obligés, comme autrefois, de recourir trop souvent à la Cour de chancellerie pour obtenir justice entière. »

Nous verrons tout à l'heure que les commissaires ont proposé de réunir en une seule Cour toutes les juridictions supérieures : c'est précisément ce qui vient d'être réalisé par l'acte du 5 août 1873. Mais comme cet acte a également constitué une Cour d'appel unique pour toute l'Angleterre, il est indispensable, avant d'en aborder l'examen, de jeter un coup d'œil sur l'organisation des diverses juridictions d'appel.

IV

Cours d'appel intermédiaires. — Aucune des Cours supérieures que nous venons de passer en revue ne juge en dernier ressort; il existe au-dessus de chacune d'elles une ou même deux juridictions d'appel superposées. La Chambre des lords et le conseil privé de la reine forment, au sommet de l'ordre judiciaire, deux tribunaux suprêmes indépendants l'un de l'autre, et auxquels aboutissent, en se divisant, tous les appels des Cours supérieures. Mais entre la Chambre des lords et le conseil privé, d'une part, et les diverses Cours de première instance, il s'est trouvé place pour la constitution de véritables Cours d'appel intermédiaires, à savoir : la *Chambre de l'échiquier* et la *Cour d'appel de chancellerie.*

____

(1) *Commission of judicature; first report*, 1869, p. 6 et 7.

Chambre de l'échiquier. — La Chambre de l'échiquier (*exchequer Chamber*), dont l'origine remonte aux règnes d'Édouard III et d'Élisabeth, a été définitivement organisée par deux lois de 1830 et 1831 (11, Georges IV, c. IV et 1, Will. IV, c. 70). Elle connaît de tous les appels des décisions des Cours supérieures de droit commun et se compose des juges de ces trois Cours, à l'exception de ceux appartenant à la Cour de qui émane le jugement frappé d'appel. Ainsi, pour les appels des décisions du banc de la reine, la Chambre de l'échiquier est formée par la réunion des plaids communs et de l'échiquier, et de même pour les appels des décisions des deux autres Cours. « Les inconvénients de ce système, dit la commission de judicature (1), sont très-sérieux. Tous les juges ayant, durant presque toute l'année, à remplir des devoirs urgents, ne peuvent consacrer qu'un petit nombre de jours à l'audition des causes d'appel; en outre chaque session doit être coupée en trois parties, puisque la composition de la Cour est différente pour juger les appels des trois Cours. Il en résulte que le plus souvent la Cour ne siége pas au complet, et, en cas de divergence d'opinions, il peut ainsi arriver qu'une décision soit infirmée par une majorité de juges inférieure numériquement au total formé par la minorité et par le nombre des juges de la Cour qui ont statué en première instance. »

Les jugements rendus en matière civile peuvent seuls être déférés à la Chambre de l'échiquier; encore ne peuvent-ils l'être qu'après la solution de toutes les questions du procès et seulement, d'une manière générale, pour erreur de droit (2). En ce qui concerne les jugements criminels, il n'existe pas de Cour d'appel proprement dite (3) et le juge peut seulement, au cours du procès devant le jury, *réserver* à l'examen de ses collègues réunis des diverses Cours les questions de droit d'une solution douteuse ou difficile (4).

Toutes les décisions rendues par la Chambre de l'échiquier peuvent être ensuite déférées à la Chambre des lords. Celle-ci ne peut être saisie directement de l'appel d'un jugement des Cours de droit commun que dans le cas seulement où ce jugement a été rendu lui-même sur appel d'un jugement d'un tribunal inférieur. Le nombre des affaires soumises en 1870 à la Chambre de l'échiquier s'est élevé à 40 seulement; il y a eu confirmation du jugement dans 26 cas et infirmation dans 8 cas seulement; 6 affaires ont été rayées du rôle.

(1) *First report*, p. 13.

(2) On distingue l'appel proprement dit (*appeal*) de l'erreur (*error*). Voir sur le sens de cette distinction et sur l'indication des cas où un recours est ouvert, la note 3, p. 59.

(3) En cas de condamnation, on peut cependant se pourvoir devant la Cour du banc de la reine, pour violation de la loi ou vice de forme de l'acte d'accusation (*indictment*); mais il faut avoir préalablement obtenu l'autorisation de l'*attorney general*.

(4) C'est ce qu'on appelle, dans le langage technique, *crown cases reserved*. Voir la note 2, p. 40.

Cour d'appel de chancellerie. — La Cour d'appel de chancellerie (*Court of appeal in chancery*) se compose du lord chancelier et de deux juges d'appel (*lords justices of appeal*) qui ont été institués par une loi de 1851 (14 et 15 Vict., c. 83). Le chancelier peut siéger seul ou assisté de l'un des juges d'appel ou de tous deux; ceux-ci peuvent également siéger réunis en l'absence du chancelier, mais aucun d'eux ne peut siéger isolément. En général, dans la pratique, le chancelier d'une part et les deux juges d'appel d'autre part tiennent simultanément deux audiences séparées. « Lorsque le chancelier, dit la commission de judicature, est moins versé que les juges d'appel dans la connaissance des affaires de chancellerie, ses décisions offrent aux plaideurs moins de garanties que s'il était assisté par ces deux juges; d'un autre côté, quand ces derniers ne sont pas d'accord, ainsi qu'il arrive parfois, l'appel tombe (1) et il n'y a d'autre ressource que de former un nouvel appel devant la Chambre des lords. »

La Cour d'appel de chancellerie connaît non-seulement de tous les jugements rendus par le maître des rôles et les vice-chanceliers, mais encore, en vertu de la loi de 1869, des jugements de la Cour des faillites.

Après avoir donné ces indications nécessaires sur les Cours d'appel intermédiaires, auxquelles nous pourrions ajouter la Cour plénière de divorce (*full Court*) composée du juge ordinaire et de deux juges de droit commun (2), nous devons aborder les deux juridictions d'appel suprêmes, la Chambre des lords et le conseil privé.

Juridiction d'appel de la Chambre des lords; son origine, son étendue. — La Chambre des lords exerce, pour l'Angleterre, les fonctions de Cour d'appel souveraine sur les trois Cours de droit commun, sur la Cour de chancellerie, sur la Cour des testaments et sur la Cour des divorces. Elle connaît en outre des appels de toutes les Cours de justice d'Écosse et d'Irlande.

Les tribunaux dont les décisions échappent à son pouvoir de révision sont : 1° en Angleterre, la Cour d'amirauté et les tribunaux ecclésiastiques; 2° toutes les Cours établies dans les colonies anglaises. C'est au comité judiciaire du conseil privé que sont portés les appels de ces diverses juridictions.

En ce qui concerne les Cours de droit commun, le droit qui appartient à la Chambre des lords n'a jamais été méconnu; il est aussi ancien que l'établissement de ces Cours elles-mêmes. Quant à la Cour de chancellerie, c'est seulement depuis environ deux siècles que la juridiction d'appel de la Chambre haute s'est étendue sur elle d'une manière permanente et incontestée.

Défauts de cette juridiction. — Autrefois la Chambre des lords siégeait

(1) Il semblerait plus rationnel d'appeler le chancelier pour vider le partage entre les deux juges.

(2) Un certain nombre d'appels des décisions du juge ordinaire sont portés devant cette Cour avant d'être soumis à la Chambre des lords.

tout entière pour connaître des appels ; depuis le procès d'O'Connel, les légistes de la Chambre, c'est-à-dire presque toujours d'anciens chanceliers, peuvent seuls prendre part, sous la présidence du chancelier, à la décision des affaires judiciaires. Malgré ce changement et en dépit de certaines réformes de procédure, il était reconnu depuis longtemps que la Chambre des lords était un tribunal mal organisé, siégeant trop rarement, ne présentant pas des garanties suffisantes aux plaideurs et exigeant de ces derniers des sacrifices de temps et d'argent considérables. Le chancelier, accablé de devoirs et de fonctions, ne peut présider durant la session qu'au prix de grands efforts ; en dehors de la session, il ne peut être tenu aucune audience. En outre, les décisions de la Cour d'appel de chancellerie, qui émanent souvent du chancelier, sont jugées, en appel, par le même chancelier assisté de deux pairs légistes.

Une procédure d'appel devant la Chambre des lords coûte, en moyenne, 300 livres et parfois 500 ou 600 livres à l'appelant qui, même en cas de succès, ne recouvre pas ses déboursés (1). On s'explique que le nombre des appels ne soit pas considérable ; il a été rendu en 1870 51 jugements sur 13 appels de la Cour de chancellerie d'Angleterre, 6 appels de la Chambre de l'échiquier, 31 appels écossais et 1 appel de la Cour de chancellerie d'Irlande (2).

Tentatives de réforme. — Depuis soixante ans, plusieurs comités ont été chargés en 1811, en 1823, en 1856, de rechercher les moyens d'améliorer la procédure devant la Chambre des lords et l'organisation même de ce tribunal. Le comité de 1856, composé des jurisconsultes les plus éminents, proposa d'instituer deux vice-présidents qui siégeraient en l'absence du chancelier et de permettre à la Chambre de tenir des audiences en dehors des sessions parlementaires. Un bill voté conformément à ces indications par la Chambre des lords, n'eut aucune suite à la Chambre des communes. L'acte du 5 août 1873 a, comme nous le verrons tout à l'heure, supprimé cette juridiction de la Chambre des lords, sauf pour l'Écosse et l'Irlande.

Comité judiciaire du conseil privé. — En face de la Chambre des lords et dans une position tout à fait indépendante est le conseil privé de la reine qui, par son comité judiciaire, statue souverainement sur les appels de l'amirauté, sur les appels ecclésiastiques et sur tous les appels des colonies. L'origine de cette juridiction ne remonte à aucune date précise ; il a semblé naturel que le roi, en conseil, se réservât le droit de reviser les jugements en certaines matières où l'intérêt politique est souvent engagé. Mais le nombre des appels, surtout ceux des colonies, étant devenu très-consi-

---

(1) *Report of select committee on appellate jurisdiction,* 1872 ; déposition de J. G. S. Lefèvre, p. 103, questions 805 et 866.

(2) En 1871 les chiffres sont les suivants : 9 appels de la Cour de chancellerie anglaise, 5 de la Chambre de l'échiquier anglaise, 1 de la Cour de l'échiquier anglaise, 15 appels d'Écosse, 5 appels des Cours d'Irlande ; total : 35 jugements.

dérable, il a paru nécessaire en 1833 (1) de créer au sein du conseil privé
un comité judiciaire (*judicial committee of the privy council*) composé
d'anciens chanceliers, d'anciens magistrats des Cours supérieures des colonies, auxquels ont été adjoints en 1871 quatre juges nouveaux, pris
parmi les magistrats des Cours de droit commun ou des Cours coloniales,
et qui seuls reçoivent un traitement (2).

Le nombre des affaires jugées par le Comité judiciaire s'est élevé, en 1870,
à 61, dont 5 venant de la Cour d'amirauté, 2 des Cours ecclésiastiques et
54 venant des colonies.

Telle était, considérée seulement dans ses lignes essentielles, l'organisation judiciaire de l'Angleterre avant la réforme du 5 août 1873. Nous
pouvons maintenant essayer d'indiquer les changements qui, à partir du
2 novembre 1874, seront la conséquence de la mise en vigueur de la nouvelle loi.

V

Commission de judicature; ses travaux de 1867 à 1869. — En 1867,
une commission royale dont faisaient partie lord Cairns, sir W. Page Wood
depuis lord Hatherley, sir Roundell Palmer depuis lord Selborne, etc., a été
instituée pour étudier l'organisation de toutes les Cours supérieures d'Angleterre et des diverses juridictions d'appel. Le premier rapport déposé par
cette commission en 1869 a servi de base à la réforme qui vient de s'ac-
complir. Il est donc intéressant de résumer les passages principaux de ce
rapport; on y trouve une sorte d'exposé des motifs de la loi du 5 août 1873.

Établissement d'une Cour suprême. — Après avoir fait ressortir tous
les inconvénients de l'existence de plusieurs juridictions séparées (p. 1 à 9),
la commission exprime l'avis que « ces inconvénients ne peuvent être
complétement supprimés par un simple transfert ou emprunt de juridiction entre les Cours telles qu'elles sont constituées, et que le premier pas
à faire pour vaincre le mal est de réunir toutes les Cours supérieures de
droit commun et d'équité et les Cours des testaments, des divorces et d'a-
mirauté en une seule Cour, qui sera investie de toute la juridiction appartenant à chacune des Cours ainsi réunies. Cette fusion mettrait fin, une
fois pour toutes, aux conflits de juridiction. Un plaideur ne perdrait plus
son procès pour s'être adressé à un tribunal incompétent; il ne serait plus
renvoyé de l'équité au droit commun et du droit commun à l'équité à l'effet
de commencer une procédure à nouveaux frais, pour obtenir justice (3). »

Division de la Cour suprême en Chambres. — La Cour suprême serait
divisée en sections ou Chambres; pour faciliter la transition de l'ancien
système au nouveau, les Cours de chancellerie, du banc de la reine, des

____

(1) St. 3 et 4, Will. IV, c. 41.
(2) En vertu de l'acte de 1871, trois juges seulement ont été nommés.
(3) *Rep.*, p. 9.

plaids communs et de l'échiquier formeraient autant de Chambres de la
Cour suprême. On pousserait les ménagements envers le passé et les souvenirs historiques jusqu'au point de conserver les noms des anciennes
Cours. Quant aux Cours d'amirauté, de divorce et des testaments, elles
seraient réunies pour constituer une cinquième Chambre.

Chaque Chambre posséderait la plénitude de la juridiction de la Cour
suprême et aurait le pouvoir, dans toutes les affaires qui lui seraient soumises, de faire justice entière, d'accueillir tous moyens fondés sur le droit
commun ou sur l'équité, en d'autres termes, d'accorder, soit au demandeur,
soit au défendeur, tous les remèdes que les Cours, aujourd'hui séparées,
peuvent administrer chacune de leur côté. La même pensée qui semble
devoir déterminer le législateur à respecter les titres des Cours actuelles
paraît devoir exiger que, provisoirement au moins, les affaires soient dis-
tribuées entre les diverses Chambres de la Cour suprême, non pas au ha-
sard, mais d'après leur nature et d'après les règles de l'ancienne compétence des différentes Cours.

Ainsi toute affaire qui, avant la réforme accomplie, eût été de la compétence exclusive de la Cour de chancellerie devrait, dans la pensée de la
commission de judicature, être réservée à la première Chambre de la Cour
suprême qui correspond à la Cour de chancellerie. Il en serait de même
pour les affaires tombant spécialement sous la juridiction de chacune des
Cours de droit commun ou des trois Cours qui doivent former, par leur
réunion, la cinquième Chambre de la Cour suprême.

Toutefois, il serait permis à la Cour d'ordonner, en tout état de cause, le
renvoi d'une affaire d'une Chambre à une autre; ces renvois, à mesure que
les juges deviendraient plus familiers avec les diverses branches du droit,
seraient plus nombreux, et l'on peut même prévoir l'époque où, dans la distribution des affaires, on ne serait plus forcé de tenir compte d'aucune tra-
dition historique. Il est bien entendu que tout juge, quoique attaché à une
chambre, pourrait néanmoins siéger dans les autres chambres, suivant les
nécessités du service (1).

Nombre de juges nécessaire pour la validité des jugements. — Il se
présente, dit le rapport de la commission, une question importante et difficile en ce qui concerne le nombre des juges qui devront siéger dans chaque
Chambre de la Cour suprême. L'usage suivi dans les Cours de droit commun et dans la Cour de chancellerie est sur ce point entièrement différent.
En effet, comme nous l'avons dit, chaque Chambre de la Cour de chancellerie est composée d'un juge qui décide seul en première instance. Il en
est de même dans les Cours d'amirauté, des testaments et des divorces.
Au contraire, les Cours de droit commun siègent ordinairement au nombre
de quatre juges (2). Les questions que tranche un seul juge en chancellerie

(1) *Rep.*, p. 9.
(2) Quand les magistrats des Cours de droit commun se réunissent ainsi au
nombre de quatre pour examiner des questions de droit, on dit qu'ils siègent

ne le cèdent guère parfois en importance à celles qui sont débattues devant les Cours de droit commun. Ne semble-t-il pas, dit le rapport, qu'il y ait d'un côté insuffisance, et de l'autre, excès dans le nombre des juges? Le rapport fait ensuite remarquer que même dans les Cours de droit commun, beaucoup d'affaires sont réglées dans le cabinet (*in chambers*) par un seul magistrat.

Pour éviter de trop brusques changements, le rapport propose d'autoriser un juge siégeant seul à expédier toutes les affaires qui sont aujourd'hui de la compétence du juge unique et toutes celles que les règlements de la Cour ou la volonté des parties pourront faire passer dans la même catégorie; quant aux affaires qui exigent aujourd'hui le concours de plusieurs magistrats, elles seraient jugées par des sections composées au plus de trois membres. Il nous paraît évident que la commission incline à penser qu'un juge est dans la plupart des cas suffisant et qu'une Cour d'appel aisément accessible fournit toutes les garanties nécessaires contre les erreurs possibles du juge unique.

Procédure devant la Cour suprême. — L'une des difficultés les plus grandes de la nouvelle réforme consistait à choisir, parmi les règles souvent opposées de la procédure des différentes Cours, les éléments d'un Code de procédure uniforme, pouvant être appliqué à toutes les affaires par chacune des sections de la Cour suprême. Au lieu de rédiger un Code entier, la commission de judicature a pensé très-sagement qu'il fallait se borner à tracer les lignes principales, et s'en remettre à la Cour suprême du soin de faire, après une expérience plus ou moins longue, des règlements généraux, lesquels pourraient d'ailleurs être toujours aisément modifiés.

L'acte du 5 août 1873 est entré complétement dans cette voie indiquée par la commission; on trouvera à la suite de la loi elle-même la traduction d'une annexe qui n'est pas un Code, mais l'esquisse d'un Code de procédure à rédiger ultérieurement, et qui laisse par conséquent aux magistrats une liberté très-grande pour régler, en toute matière, les détails et pourvoir aux difficultés de la pratique.

Afin d'éviter des répétitions, nous croyons devoir omettre ici tout ce qui a trait à la procédure, et renvoyer nos lecteurs aux explications qui accompagnent, sous formes de notes, la traduction des articles de l'annexe (*schedule*), intitulée : *Règles de procédure* (1).

Cour d'appel. — La commission n'a pas osé, on le comprend, demander la suppression de la juridiction d'appel de la Chambre des lords; elle s'est bornée à proposer la création, aux lieu et place de la Chambre de l'échiquier et de la Cour d'appel de chancellerie, d'une Cour d'appel composée

in banco; lorsque, au contraire, la Cour siége *at nisi prius* avec l'assistance d'un jury, elle n'est composée ordinairement que d'un seul juge.

(1) Voir p. 47.

du chancelier, du maître des rôles, de trois juges permanents, et enfin de trois juges de la Cour suprême, à désigner chaque année.

En ce qui concerne le droit d'appeler, le délai, la forme, l'effet suspensif de l'appel, la procédure et les pouvoirs de la Cour d'appel, le rapport de la commission contient des propositions très-judicieuses qui ont trouvé place, la plupart, dans la loi du 5 août 1873, et que nous étudierons chacune à sa place.

Bills de 1870 *et* 1872. — Au commencement de la session de 1870, le chancelier lord Hatherley déposa à la Chambre des lords deux bills, l'un pour établir une haute Cour de première instance, l'autre pour créer une Cour d'appel. Ces deux projets, adoptés par la Chambre des lords, ne furent pas mis en discussion à la Chambre des communes.

En 1872, lord Hatherley soumit à la Chambre des lords un nouveau bill uniquement consacré à l'établissement d'une Cour d'appel qui remplacerait tout à la fois la Chambre des lords et le conseil privé et serait divisée en deux sections. Le projet, combattu par lord Cairns, fut renvoyé à un comité spécial (1) et ne reparut pas devant la Chambre. Il serait aujourd'hui sans intérêt d'en indiquer les détails.

Bill de 1873 *proposé par lord Selborne.* — Le premier soin du nouveau chancelier, sir Roundell Palmer, nommé à la veille de la session de 1873 en remplacement de lord Hatherley, sous le titre de lord Selborne, a été de préparer un nouveau bill qui, déposé le 13 février (2) à la Chambre des lords, est devenu, après d'assez longues discussions, l'acte du 5 août 1873. Ainsi qu'il le déclare lui-même, lord Selborne a suivi, d'aussi près que possible, les conclusions du rapport de la commission de judicature. Tout ce qui a trait à l'organisation de la haute Cour de justice ou Cour de première instance, formée par la réunion des Cours supérieures, est à peu près littéralement emprunté au rapport de 1869. En ce qui concerne la création de la Cour d'appel, lord Selborne, s'écartant des conclusions de la commission de judicature, a proposé la suppression radicale de la juridiction d'appel de la Chambre des lords, sauf pour les appels d'Écosse et d'Irlande, et la création d'une Cour d'appel composée du chancelier, du maître des rôles, des présidents des trois Cours de droit commun, c'est-à-dire des présidents des quatre premières sections de la haute Cour, de neuf juges ordinaires et d'un nombre indéfini de juges extraordinaires pris parmi les anciens magistrats des Cours supérieures.

Le comité judiciaire du conseil privé conserve provisoirement sa compétence, sauf en ce qui touche les appels de la Cour d'amirauté; mais la reine peut transférer ses attributions (sauf en ce qui concerne les appels ecclésiastiques) à la nouvelle Cour d'appel, qui deviendra ainsi tribunal unique et suprême pour toute l'Angleterre.

(1) Le rapport de ce comité a été publié à la date du 9 juillet 1872.
(2) Voir le discours de lord Selborne, *Times*, 14 fév. 1873.

Discussion à la Chambre des lords. — Le débat a été moins vif et moins intéressant qu'on eût pu s'y attendre ; la Chambre n'a pas fait d'effort sérieux pour retenir la juridiction qui lui échappait et qu'elle se sentait, depuis longtemps déjà, condamnée à perdre. Un amendement de lord Redesdale, en faveur du maintien de la compétence de la Chambre des lords, a été rejeté par 38 voix contre 18 (séance du 2 mai).

Lord Salisbury a proposé de permettre à la reine de transférer les appels des Cours ecclésiastiques du conseil privé à la Cour d'appel. Pour ne pas retarder le vote du bill, il a consenti à retirer cet amendement qui a été ensuite repris à la Chambre des communes, et finalement a passé dans le texte de la loi.

Dans le projet de lord Selborne, la présidence de la haute Cour devait appartenir au *lord chief justice* et celle de la Cour d'appel au lord chancelier. Lord Cairns a demandé et obtenu que le chancelier figurât parmi les juges de la haute Cour, à la tête de la section dite de chancellerie, et eût la présidence, à la place du lord chief justice. On peut se demander comment le chancelier trouvera le temps de suffire à ses nouveaux devoirs. Mais l'amendement de lord Cairns a eu pour but de diminuer, autant que possible, dans la composition de la haute Cour, l'inégalité numérique entre les membre des anciennes Cours de droit commun, beaucoup plus nombreux, et les membres de l'ancienne Cour de chancellerie. Cette inégalité a suscité de vives réclamations parmi les avocats de la juridiction d'équité ; ils ont exprimé, dans des lettres publiques et des pétitions, la crainte que l'équité ne fût sacrifiée au droit commun et en outre que la section de la haute Cour, mise à la place de l'ancienne Cour de chancellerie, ne fût obligée, à cause du petit nombre de ses juges et des exigences de la nouvelle procédure sur la forme orale des témoignages, de laisser beaucoup d'affaires en souffrance.

Discussion à la Chambre des communes. — Cette discussion n'a offert qu'un intérêt médiocre. Il faut cependant noter un incident qui aurait pu entraîner le rejet du bill. M. Gladstone ayant annoncé qu'il demanderait une nouvelle lecture en comité du projet de loi, pour examiner s'il ne serait pas opportun d'étendre à l'Écosse et à l'Irlande la juridiction de la nouvelle Cour d'appel, lord Cairns s'est plaint immédiatement à la Chambre des lords de ce procédé qu'il considérait comme une violation des priviléges de la Chambre haute (séance du 8 juillet). D'après lord Cairns, il n'appartiendrait qu'à la Chambre des lords elle-même de prendre l'initiative d'une réforme qui tend à diminuer ses attributions. Tout en protestant contre le reproche d'avoir manqué aux traditions parlementaires, M. Gladstone a pensé avec raison qu'il ne fallait pas compromettre le succès du bill et qu'après une courte expérience l'Écosse et l'Irlande seraient les premières à réclamer l'extension à leur profit de la juridiction de la nouvelle Cour d'appel.

Le bill voté par les deux Chambres a reçu la sanction royale le 5 août 1873.

Résumé. — Nous avons essayé de retracer, aussi brièvement que possible, l'histoire de la réforme qui vient d'être décrétée. La fusion de toutes les Cours supérieures en une Cour suprême, réunissant des juridictions jusqu'à ce jour séparées et parfois hostiles, l'établissement d'un système uniforme de procédure dégagé des subtilités et des formules gênantes du passé, l'abolition de la juridiction d'appel de la Chambre des lords, qui fonctionnait mal et ne se soutenait plus que par des souvenirs historiques, la création d'une Cour d'appel où les procès pourront être portés sans les frais énormes et les lenteurs qui, jusqu'à ce jour, avaient rendu la faculté d'appel à peu près illusoire, tous ces changements accomplis, malgré l'opposition d'une partie notable du barreau de la Cour de chancellerie, avec le concours de la Chambre des lords et grâce à l'influence du nouveau chancelier, méritent de fixer notre attention et auront pour résultat, sinon immédiat, du moins certain, de hâter, en Angleterre, l'évolution qui doit aboutir à la confection d'un Code des lois anglaises sur le modèle des Codes européens.

DISPOSITIONS PRÉLIMINAIRES.

Art. 1er. — *Titre abrégé.* — Le présent acte peut être cité sous ce titre : *The supreme Court of judicature act,* 1873.

Art. 2. — *Mise en vigueur.* — Les dispositions du présent acte, à moins d'exception formelle, ne seront exécutoires qu'à dater du 2 novembre 1874 (1).

PREMIÈRE PARTIE.

ORGANISATION ET COMPOSITION DE LA COUR SUPRÊME.

Art. 3. — *Réunion des Cours existantes en une Cour suprême.* — Les Cours dont suit la désignation sont réunies et formeront une Cour suprême de justice pour l'Angleterre, savoir :

1. La haute Cour de chancellerie d'Angleterre.
2. La Cour du banc de la reine.
3. La Cour des plaids communs de Westminster.
4. La Cour de l'échiquier.
5. La haute Cour d'amirauté.
6. La Cour des testaments.
7. La Cour des divorces et mariages.
8. La Cour des faillites de Londres.

Art. 4. — *Division de la Cour suprême en Cour de première in-*

(1) Les articles qui doivent, par exception, être mis en vigueur aussitôt après la promulgation de la loi, sont peu nombreux; nous citerons seulement l'article 60, relatif à l'établissement de greffes dans les comtés.

stance et Cour d'appel. — La Cour suprême sera divisée en deux sections permanentes dont l'une, sous le nom de haute Cour de justice, exercera la juridiction de première instance et connaîtra des appels des juridictions inférieures, et l'autre, sous le nom de Cour d'appel, exercera la juridiction d'appel, avec pouvoir de connaître en premier et dernier ressort des questions incidentes aux appels pendants devant elle, comme il sera dit ci-après (1).

Art. 5. — *Organisation de la haute Cour.* — La haute Cour sera composée, à l'origine, du lord chancelier (2), du lord chief justice d'Angleterre, du maître des rôles, du lord chief justice de la Cour des plaids communs, du lord chief baron de l'échiquier, des vice-chanceliers de la Cour de chancellerie, du juge de la Cour des testaments et de la Cour des divorces, des juges des Cours du banc de la reine, des plaids communs, de l'échiquier et du juge de la Cour d'amirauté, à l'exception toutefois de ceux desdits juges qui pourront être nommés juges de la Cour d'appel (3).

Lorsqu'un siége de juge à la haute Cour deviendra vacant, un nouveau juge pourra être nommé par lettres patentes de S. M. Toutes personnes qui seront désignées pour succéder au chief justice d'Angleterre, au maître des rôles, au chief justice des plaids communs ou au chief baron seront nommées de la même manière que l'ont été les titulaires actuels et auront les mêmes droits de préséance et les mêmes titres qui appartiennent à ceux-ci (4).

Tout juge nommé pour remplir la place d'un autre juge de la

(1) Voir article 19.

(2) Dans le projet de lord Selborne, le chancelier ne faisait pas partie de la haute Cour; il a été compris dans l'énumération de l'article 5, par suite de l'adoption d'un amendement de lord Cairns (Ch. des lords, 1er mai 1873). Sur la motion de M. Raikes, la Chambre des communes crut devoir effacer le nom du chancelier (séance du 30 juin); mais il fut rétabli par la Chambre des lords et définitivement maintenu. On n'oubliera pas que le chancelier, devenu ainsi président de droit, non-seulement de la Cour d'appel, mais aussi de la Cour de première instance, a un rôle politique considérable et change nécessairement avec le cabinet. Personne n'a paru redouter que le chancelier se départit jamais, dans ses fonctions judiciaires, de l'impartialité absolue qu'on est habitué à trouver chez les magistrats anglais.

(3) D'après l'article 6, la reine devra nommer trois juges pour compléter le nombre des magistrats ordinaires de la Cour d'appel; elle aura la faculté, mais non l'obligation, de les choisir parmi les juges actuels des Cours supérieures.

(4) On a voulu ménager, autant que possible, l'espèce de culte que les Anglais ont pour les titres historiques et éviter de froisser des susceptibilités toujours promptes à s'éveiller; mais l'article 32 donne à la reine le pouvoir de supprimer, quand le moment semblera opportun, les distinctions provisoirement maintenues.

haute Cour, sera désigné dans l'acte de nomination sous le titre de
« juge de la haute Cour de justice de S. M. » et sera nommé d'après
le mode suivi jusqu'à ce jour pour les juges des Cours supérieures
de droit commun.

Si, au moment de la mise à exécution du présent acte, le nombre
des juges des trois Cours de droit commun qui deviendront juges
de la haute Cour était supérieur à douze, il ne serait pas pourvu aux
vacances résultant de mort ou démission de ces juges, jusqu'à ce
que le nombre total des membres de la haute Cour fût ramené au
chiffre de vingt et un (1).

Tous les juges de la haute Cour auront, à moins de disposition
contraire, pouvoir, autorité et compétence égales, sous tous les rapports. On se servira, à leur égard, des formules usitées à l'égard des
juges des Cours supérieures de droit commun (2).

Le lord chief justice d'Angleterre présidera la haute Cour en
l'absence du lord chancelier.

Art. 6. — *Organisation de la Cour d'appel.* — La Cour d'appel
est composée de cinq membres de droit et d'un certain nombre de
juges ordinaires, nommés par la reine, lequel ne peut être supérieur à neuf. Les membres de droit sont : le lord chancelier, le
chief justice d'Angleterre, le maître des rôles, le chief justice des
plaids communs et le chief baron de l'échiquier (3).

Les juges ordinaires seront, à l'origine, les lords d'appel de la
chancellerie, actuellement en fonctions, les juges salariés du comité
judiciaire du conseil privé nommés en vertu de l'Acte de 1871, et
trois autres juges qui seront désignés par lettres patentes de S. M.
dans le mois avant ou après la mise en vigueur du présent Acte.

En dehors des membres de droit et des juges ordinaires, la reine
peut nommer comme juges supplémentaires (*additional*) toutes per-

---

(1) Le chiffre de 21, qui se trouvait dans le projet de lord Selborne, aurait
dû, par suite de l'addition du chancelier au nombre primitif des juges de la
haute Cour, être porté à 22; il y a là une erreur matérielle de calcul qui sera
certainement corrigée.

(2) Lorsqu'un avocat ou toute autre personne s'adresse à un juge d'une Cour
de droit commun dans l'exercice de ses fonctions, elle se sert de la formule
« my lord ».

(3) Les présidents des quatre premières Chambres de la haute Cour sont donc
membres de droit de la Cour d'appel; dans le projet de la commission de judicature la reine devait désigner tous les ans trois juges de la Cour suprême
pour faire partie de la Cour d'appel. Ce roulement annuel aurait pu nuire à la
fixité de la jurisprudence; en outre le *chief justice*, sir A. Cockburn, a vivement
soutenu, dans des Observations publiées en 1871, le droit des présidents de
Chambre de la haute Cour de siéger à la Cour d'appel.

sonnes qui, ayant rempli en Angleterre les fonctions de juge d'une Cour supérieure de Westminster ou de la nouvelle Cour supérieure (1), ou en Écosse celles de lord *justice general* ou de lord *justice clerk*, ou en Irlande celles de lord chancelier ou de lord juge d'appel, ou dans l'Inde celles de président de la haute Cour à Fort William dans le Bengale, ou à Madras, ou à Bombay, déclareront par écrit qu'elles sont prêtes à remplir les fonctions de juge supplémentaire de la Cour d'appel. L'assistance aux séances de la Cour d'appel ne sera pas obligatoire pour les juges supplémentaires lorsqu'ils seront retenus à la Chambre des lords ou par un autre devoir public ou par tout autre empêchement légitime.

Les juges ordinaires et supplémentaires de la Cour d'appel auront le titre de lords juges d'appel. Tous les juges de la Cour d'appel auront, sauf disposition contraire, pouvoir, autorité et compétence égales.

Lorsqu'une place de juge ordinaire à la Cour d'appel deviendra vacante, un nouveau juge pourra être nommé par lettres patentes de S. M.

Le lord chancelier sera président de la Cour d'appel.

Art. 7. — *Vacances par démission et effet des vacances en général.* — Les démissions des juges de la haute Cour ou de la Cour d'appel seront adressées par écrit au lord chancelier, sans autre formalité. La haute Cour et la Cour d'appel pourront siéger malgré les vacances auxquelles il n'aurait pas été pourvu.

Art. 8. — *Conditions pour être nommé juge.* — Tout avocat, ayant au moins dix ans d'exercice de sa profession, pourra être nommé juge de la haute Cour. Toute personne réunissant les conditions exigées aujourd'hui pour être juge de la Cour d'appel de chancellerie (2) ou ayant été juge de la haute Cour pendant au moins une année pourra être nommée juge ordinaire de la Cour d'appel. Aucune

(1) Au cours de la discussion à la Chambre des communes, le *solicitor general* a proposé d'exiger à l'avenir de tout chancelier qui sortirait de charge la promesse par écrit de siéger comme juge supplémentaire de la Cour d'appel. Faute par lui de prendre cet engagement, toute pension lui serait refusée, à moins que sa retraite n'eût lieu pour cause de maladie ou qu'il n'eût rempli les fonctions de chancelier pendant dix ans. Depuis 1832, la pension des anciens chanceliers est de 5,000 livres par an; il semble donc naturel qu'on les oblige à siéger gratuitement dans la nouvelle Cour d'appel. Aussi l'amendement du *solicitor general* a été voté par 174 voix contre 129 (séance du 14 juillet); mais il a été repoussé par la Chambre des lords.

(2) Peuvent être nommés *lords justices of appeal* tous avocats ayant quinze ans d'exercice (14 et 15 Vict., c. 83).

personne nommée juge de l'une ou l'autre Cour ne sera tenue d'avoir ou d'acquérir le grade de *serjeant at law* (1).

Art. 9. — *Durée des fonctions, serment. Incompatibilité avec les fonctions de membre de la Chambre des communes.* — Tous les juges de la haute Cour et de la Cour d'appel garderont leurs fonctions jusqu'à leur mort et ne pourront en être privés que par S. M. sur la demande des deux Chambres du Parlement (2). Aucun juge ne pourra être élu ou siéger à la Chambre des communes (3). Tout juge, à l'exception du lord chancelier, prêtera, à son entrée en fonctions, en présence du lord chancelier, le serment d'allégeance et le serment judiciaire suivant la formule de l'acte de 1868 (*Promissory oaths act*). Le serment que prêtera le lord chancelier sera le même qu'auparavant.

Art. 10. — *Préséances.* — Les juges qui font partie de droit de la Cour d'appel auront rang dans l'ordre des préséances attachées aujourd'hui à leurs offices respectifs (4). Les juges ordinaires ou supplémentaires de la Cour d'appel ayant le titre de pairs ou conseillers privés, prendront le rang que leur donnent leurs titres respectifs (5); les autres juges de la Cour d'appel auront rang d'après l'ordre de leurs nominations.

(1) Le titre de *serjeant at law* (*serviens ad legem*), qui s'accorde par lettres royales, est devenu purement honorifique; autrefois, il conférait aux avocats qui en étaient revêtus le privilége de plaider seuls devant la Cour des plaids communs pendant la durée des *termes* judiciaires. (Voir note 4, p. 43.) Les *serjeants at law* ont la préséance sur les simples *barristers*, mais passent après les *queen's counsels*. En 1863, le nombre des *serjeants at law* n'était plus que de 29, celui des *queen's counsels* était de 129, celui des *barristers* de 4,360 et celui des *attorneys* et *solicitors* de 10,418.

(2) En vertu d'un acte de Guillaume III (12 et 13 Will., III, c. 2), les juges des Cours suprêmes de Westminster sont nommés, non plus comme auparavant, *durante bene placito*, mais *quamdiu bene se gesserint*. Ils ne peuvent être destitués que sur la demande collective des deux Chambres du Parlement.

(3) Ne peuvent siéger à la Chambre des communes les juges des Cours d'Angleterre, d'Écosse ou d'Irlande, même ceux des tribunaux inférieurs, lorsqu'ils reçoivent un traitement. Il était admis toutefois, jusqu'à ce jour, une exception pour le maître des rôles en Angleterre. Aucune disposition n'interdit aux juges de siéger à la Chambre des lords.

(4) C'est-à-dire dans l'ordre suivant : lord chancelier, *chief justice* d'Angleterre, maître des rôles, *chief justice* des plaids communs, *chief baron*.

(5) Un amendement voté par la Chambre des communes portait que tous les juges ordinaires et supplémentaires de la Cour d'appel auraient rang d'après les dates de leurs nominations. Il ne devait y avoir d'exception à cette règle qu'en faveur des anciens chanceliers et dans les cas seulement où la reine le jugerait convenable. La Chambre des lords a pensé, au contraire, que les droits de préséance attachés à la qualité de pair ou de conseiller privé

Les juges de la haute Cour qui ne sont pas membres de la Cour d'appel auront rang après les juges de cette dernière Cour et, entre eux, d'après l'ordre des nominations.

Art. 11. — *Dispositions spéciales aux juges actuellement en fonctions.* — Tout juge, actuellement en fonctions, devenant juge de la haute Cour ou de la Cour d'appel, sera, en ce qui concerne la durée des fonctions, le rang, le titre, le traitement, la retraite, le droit de nommer ou révoquer certains fonctionnaires et tous les autres priviléges ou incompatibilités, dans la même situation que si le présent acte n'eût pas été voté. Sous réserve des changements introduits par le présent acte, chaque juge conservera les pouvoirs qui lui appartiennent aujourd'hui en vertu d'une loi ou d'un usage reconnu. Aucun juge nommé avant la promulgation du présent acte ne sera tenu de présider les assises, s'il n'y était tenu par l'usage ou la coutume au moment de la mise en vigueur du présent acte.

Les années de service comme juge de la haute Cour ou de la Cour d'appel s'ajouteront, pour le calcul de la durée des fonctions donnant droit à une pension de retraite, aux années passées dans les fonctions que le juge remplissait au moment de la mise en vigueur du présent acte.

Art. 12. — *Dispositions concernant certaines fonctions extraordinaires des juges des anciennes Cours.* — Toutes fonctions spéciales ne se rapportant pas directement à l'administration de la justice qui appartenaient, en vertu de la loi ou de la coutume, aux juges ou à un juge des anciennes Cours pourront être remplies par chacun des juges de la haute Cour.

Quant aux fonctions spéciales qui appartiennent, en vertu de la loi ou de la coutume, au lord chancelier, au chief justice d'Angleterre, au maître des rôles, au chief justice des plaids communs ou au chief baron, elles continueront d'être exercées par chacun d'eux ou par leurs successeurs respectifs.

Art. 13. — *Traitements des juges.* — Sous réserve des dispositions concernant les juges actuellement en fonctions, les traitements des juges de la haute Cour, lesquels d'ailleurs ne pourront se cumuler avec aucune pension pour services publics antérieurs, sont fixés de la manière suivante :

Le lord chancelier recevra son traitement actuel (1).

Le chief justice d'Angleterre, le maître des rôles, le chief justice

---

devaient l'emporter sur les droits résultant de la priorité de nomination. Finalement, l'opinion de la Chambre des lords a prévalu.

(1) Le traitement du chancelier est de 10,000 livres ou 250,000 francs.

des plaids communs, le chief baron recevront les traitements attribués aux titulaires actuels de ces fonctions (1).

Les juges ordinaires de la Cour d'appel et les autres juges de la
haute Cour recevront 5,000 livres par an (2).

Aucun traitement ne sera payé aux juges extraordinaires de la
Cour d'appel, en dehors des pensions auxquelles ils peuvent avoir
droit pour services antérieurs.

Art. 14. — *Pensions de retraite des juges de la haute Cour et des
juges ordinaires de la Cour d'appel.* — S. M. peut, par lettres patentes, accorder à tout juge de la haute Cour ou à tout juge ordinaire de la Cour d'appel, après quinze ans de service dans l'une de
ces Cours ou dans les deux successivement, ou en cas d'infirmités
permanentes qui le rendroient incapable de remplir ces fonctions,
une pension annuelle et viagère.

Le taux de cette pension sera pour le chief justice d'Angleterre,
le maître des rôles, le chief justice des plaids communs et le chief
baron ce qu'il est, d'après la loi actuelle, pour les titulaires de ces
fonctions.

Pour les juges ordinaires de la Cour d'appel et les autres juges
de la haute Cour, le taux de la pension sera égal à celui qui peut
être accordé aujourd'hui aux juges de la Cour du banc de la reine (3).

Art. 15. — *Mode de payement des traitements et pensions.* — Les
traitements et pensions des juges de la haute Cour et des juges ordinaires de la Cour d'appel seront imputés et payés sur le fonds de
la dette consolidée; ils seront acquis jour par jour, mais ne seront
payables aux titulaires ou à leurs exécuteurs testamentaires que par
trimestres ou aux époques déterminées par un règlement de la tré-
sorerie.

DEUXIÈME PARTIE.

COMPÉTENCE. — RÈGLES DE DROIT.

Art. 16. — *Compétence de la haute Cour.* — La haute Cour sera

---

(1) Le *chief justice* d'Angleterre touche annuellement 8,000 livres, le maître
des rôles 6,000, le *chief justice* des plaids communs et le *chief baron* 7,000.

" (2) Conformément à l'article 11, chacun des juges actuellement en fonctions
conserve son traitement ancien, savoir : les juges d'appel de chancellerie
6,000 livres, les vice-chanceliers, les juges des trois Cours de droit commun,
le juge de la Cour des testaments 5,000, le juge d'amirauté 4.000.

(3) Les pensions atteignent en général la moitié du traitement ordinaire;
pour les présidents la proportion est un peu plus élevée.

Cour supérieure *of record* (1); elle sera investie de la juridiction qui appartient aujourd'hui aux Cours suivantes :

La haute Cour de chancellerie,

La Cour du banc de la reine,

La Cour des plaids communs de Westminster,

La Cour de l'échiquier, considérée comme Cour fiscale aussi bien que comme Cour de droit commun,

La haute Cour d'amirauté,

La Cour des testaments,

La Cour des divorces et mariages,

La Cour des faillites de Londres,

La Cour des plaids communs de Lancastre (2),

La Cour des plaids de Durham (3),

Les Cours créées en vertu des commissions d'assises (*by commissions of assize, of Oyer and Terminer, and of Gaol delivery*) (4).

La haute Cour aura tous les pouvoirs appartenant aux juges desdites Cours, siégeant seuls ou réunis, publiquement ou dans leur cabinet (*in chambers*), ainsi que tous les pouvoirs d'administration, fonctions et capacité se rattachant à leur juridiction.

Art. 17. — *Juridictions non transférées à la haute Cour.* — En vertu du présent acte, ne sont pas transférées à la haute Cour les juridictions suivantes :

1° Juridiction de la Cour d'appel de chancellerie;

2° Juridiction de la Cour d'appel de chancellerie du comté palatin de Lancastre;

3° Juridiction du lord chancelier et des juges d'appel de chancellerie relativement à la garde des personnes et des biens des idiots, aliénés et déments (5);

(1) On appelle *Courts of record*, les Cours dont les jugements sont transcrits et conservés sur des registres (*records*) et qui ont le droit de condamner à l'emprisonnement.

(2 et 3) L'évêque de Durham et le duc de Lancastre avaient autrefois dans leurs comtés droit de haute justice. Ils nommaient eux-mêmes les juges et toutes les procédures criminelles étaient faites en leur nom. Ces justices seigneuriales ont été abolies; mais les deux comtés ont conservé jusqu'à nos jours le privilége d'avoir des tribunaux indépendants, dont les juges étaient nommés par la couronne. L'acte du 5 août 1873 supprime les Cours des plaids communs de Lancastre et de Durham; il transfère également à la nouvelle Cour d'appel les fonctions de la Cour d'appel de chancellerie du comté de Lancastre, mais il ne touche pas à la Cour de chancellerie de ce même comté, en tant que tribunal de première instance. Cf. art. 20, *infra*.

(4) Voir la note sous l'article 29 ci-après, p. 37.

(5) Le chancelier a toujours été considéré comme investi, en vertu de la délégation royale, de la tutelle des aliénés et des idiots; plusieurs lois spé-

4° Juridiction du lord chancelier relativement à la délivrance de lettres patentes (1) ou à l'expédition de commissions ou autres actes sous le grand sceau du Royaume-Uni;

5° Juridiction exercée par le lord chancelier au nom de la reine comme inspecteur des colléges et fondations charitables ou autres;

6° Juridiction du maître des rôles concernant les archives à Londres ou en toute autre partie de l'Angleterre (2).

Art. 18. — *Compétence de la Cour d'appel.* — La Cour d'appel sera Cour supérieure *of record;* elle sera investie de la juridiction appartenant aux Cours suivantes :

1. Cour d'appel de chancellerie;

2. Cour d'appel de chancellerie du comté palatin de Lancastre;

3. Juridiction de la Cour du lord gardien des mines d'étain assisté de ses assesseurs (3);

4. Cour de la Chambre de l'échiquier;

5. Juridiction appartenant au conseil privé ou au comité judiciaire du conseil privé sur les appels de la haute Cour d'amirauté ou sur les décisions concernant les aliénés, émanées du lord chancelier ou de toute personne ayant juridiction en matière d'aliénation mentale.

Art. 19. — *Appels des jugements de la haute Cour.* — La Cour d'appel connaîtra des appels de tout jugement ou ordre émané de la haute Cour ou de l'un des juges de cette Cour, sous réserve des

ciales, et notamment une loi de 1853 (*Lunacy regulation act,* 16 et 17 Vict., c. 70), ont adjoint au chancelier les deux juges d'appel de la Cour de chancellerie. Cette juridiction du chancelier ou des juges d'appel ne faisait pas partie, à proprement parler, de la juridiction d'équité; aussi demeure-t-elle attachée à la personne du chancelier, tandis que les attributions de l'ancienne Cour de chancellerie sont transférées à la haute Cour de justice.

(1) Sous le titre de lettres patentes sont compris les brevets d'invention que délivre le chancelier sur l'avis d'une commission formée des jurisconsultes de la couronne.

(2) Le maître des rôles (*master of the rolls*) n'était à l'origine, comme son titre l'indique, que le garde général des archives; il demeure investi de cette fonction. Les archives du royaume, réunies dans un grand édifice qui vient seulement d'être acheté (*the public record office*), sont placées sous sa surveillance et son autorité. C'est lui qui fait les règlements et nomme les conservateurs et employés (1 et 2 Vict., c. 94).

(3) Une Cour des mines d'étain a été instituée dans le Devonshire et dans le Cornouailles pour juger, sous certaines restrictions, les procès où les ouvriers des mines ont un intérêt. Le juge ordinaire est le *vice-warden* ou vice-gardien; il y avait appel au *lord warden* assisté de trois membres du comité judiciaire du conseil privé ou juges des Cours de chancellerie ou du droit commun (Voir 11 et 12 Vict., c. 83 et 18, 19 Vict., c. 32, 24 et 25 Vict., c. 95 et 32, et 53 Vict., c. 19).

autres dispositions du présent acte et des règlements qui seront faits, conformément à ces dispositions, pour fixer les délais et conditions des appels.

Dans l'exercice de la juridiction qui lui est conférée par le présent acte, la Cour d'appel aura tous les pouvoirs, autorité, compétence appartenant, en vertu du présent acte, à la haute Cour.

Art. 20. — *Interdiction d'appeler à la Chambre des lords ou au comité judiciaire des décisions de la haute Cour et de la Cour d'appel.* — Aucun jugement ou ordre de la haute Cour ou de la Cour d'appel, ni, à partir de la mise en vigueur du présent acte, de la Cour de chancellerie du comté palatin de Lancastre, ne pourra être déféré par voie d'appel à la Chambre des lords ou au comité judiciaire du conseil privé, sans préjudice du droit de faire juger les appels pendants ou d'interjeter appel des décisions antérieures à la mise en vigueur du présent acte.

Art. 21. — *Pouvoir de transférer à la haute Cour, par un ordre en conseil, la juridiction du comité judiciaire.* — La reine pourra, par décision prise en conseil, ordonner que tous appels qui, d'après les lois en vigueur, doivent être soumis au comité judiciaire du conseil privé seront, à l'avenir, déférés à la Cour d'appel.

Dans le cas où la Cour d'appel viendrait ainsi à connaître des appels en matière ecclésiastique, elle sera assistée d'un certain nombre d'archevêques ou d'évêques de l'Église d'Angleterre désignés par la reine, conformément aux règlements généraux qui seront faits sous forme d'ordres en conseil, de l'avis des juges de la Cour d'appel ou de cinq d'entre eux y compris le lord chancelier et des archevêques et évêques, membres du conseil privé, ou de deux d'entre eux. Ces règlements seront déposés sur le bureau de chacune des Chambres du Parlement, pendant quarante jours à partir de leur confection ou à partir de la plus prochaine réunion du Parlement. Si dans les quarante jours suivants une des deux Chambres demande, par une adresse à la reine, que ces règlements soient rapportés, la reine pourra les annuler par un nouvel ordre en conseil. En ce cas, les règlements seront considérés comme non avenus, sans préjudice de la validité des procédures qui pourront avoir été faites dans l'intervalle.

Art. 22. — *Affaires pendantes.* — [Cet article dispose que les affaires pendantes seront continuées et terminées soit d'après les règles nouvelles, soit d'après les anciens errements, suivant ce qui sera ordonné par les juges saisis de chaque affaire.]

Art. 23. — *Règles pour l'exercice de la juridiction.* — La haute Cour et la Cour d'appel se conformeront, en ce qui concerne la procédure, aux dispositions du présent acte et aux règlements qui pourront être faits en vertu de cet acte. A moins de dispositions nouvelles, les Cours se rapprocheront autant que possible de la pratique suivie dans les anciennes Cours.

Art. 24. — *De l'application simultanée du droit commun et de l'équité*. — [Cet article, d'une rédaction trop diffuse pour être intégralement traduit, peut être ainsi résumé :

Afin d'éviter autant que possible la multiplicité des procédures, la haute Cour et la Cour d'appel auront le pouvoir d'apprécier toutes demandes et toutes défenses, qu'elles soient fondées sur le droit commun ou sur l'équité. Les demandes reconventionnelles ou en garantie contre un tiers, formées par le défendeur, pourront être jugées en même temps que l'action principale. Il ne sera plus accordé de défenses de continuer un procès commencé ; mais le défendeur invoquera directement, devant les juges saisis de l'action, les moyens tirés de l'équité, qui seraient suffisants aujourd'hui pour obtenir de la Cour de chancellerie une défense de suivre la procédure. Il est entendu que chaque chambre de la Cour peut arrêter toute procédure qui ne tendrait qu'à détruire ou modifier une décision rendue, entre les mêmes parties, sur le même sujet, par une autre chambre (1).]

Art. 25. — *Règles de droit sur certains points*. — Ces règles sont les suivantes :

1. A l'avenir l'administration de la succession d'un débiteur mort insolvable sera gouvernée par les règles applicables en matière de faillite, soit quant aux droits des créanciers entre eux, soit quant au calcul des annuités et à l'évaluation des créances à terme ou conditionnelles, soit quant à la procédure (2).

2. En matière de fidéicommis expressément établis (*express trusts*), le fidéicommissaire (*trustee*) ne peut se prévaloir d'aucune prescription (*limitation*) à l'encontre du bénéficiaire (*cestuiquetrust*) (3).

3. Celui à qui a été concédée la jouissance à vie d'un immeuble ne peut, à moins d'y être autorisé par une clause formelle, com-

(1) Voir en ce qui concerne les demandes en garantie contre un tiers et la latitude accordée au juge, les notes sur les articles des *Règles de procédure*, p. 58, art. 9 et suiv.

(2) Cette règle est la plus importante en ce qu'elle introduit une véritable innovation. Les autres règles ne modifient que très-peu l'état ancien de la jurisprudence.

(3) On distingue les fidéicommis exprès de ceux que la jurisprudence a établis par interprétation d'une volonté présumée ou implicite. Nous ne pouvons entrer ici dans les détails de cette distinction.

mettre aucune des dégradations qui, sous le nom d'*equitable waste*, sont interdites par la jurisprudence des Cours d'équité.

4. Il n'y a confusion (*merger*) par l'effet de la loi, de la propriété ordinaire et de la propriété bénéficiaire (*beneficial interest*) que dans les cas où la jurisprudence de la Cour de chancellerie admet cette confusion (1).

5. Celui qui, ayant donné un immeuble en *mortgage*, a droit néanmoins à la possession et à la perception des fruits, en l'absence d'une déclaration du créancier de sa volonté d'entrer lui-même en possession et de recueillir les fruits, peut agir en son propre nom pour se faire attribuer ou la possession dont s'agit, ou les fruits et revenus, ou des dommages-intérêts à raison de quasi-délits commis par un tiers sur l'immeuble (2).

6. Tout transport-cession par écrit d'une créance ou d'un droit incorporel a son effet aux yeux de la loi, à dater de la notification faite par écrit au débiteur ou à toute personne que le créancier pourrait contraindre au payement. Le débiteur ou la personne chargée du payement peut, si elle est avertie qu'il y a des oppositions, assigner tous les opposants pour voir dire à qui elle devra payer ou, si elle le préfère, déposer le montant de la dette au greffe de la haute Cour.

7. Les clauses des contrats, relatives aux conditions de temps ou autres que la jurisprudence d'équité ne considère pas comme essentielles, seront interprétées par toutes les Cours de la même façon qu'elles l'ont été jusqu'à ce jour par la Cour de chancellerie (3).

8. Il peut être accordé un ordre (*mandamus*), ou une défense (*injunction*), ou nommé un séquestre (*receiver*), dans tous les cas où cela paraît juste et convenable à la Cour; l'ordonnance de la Cour peut être pure et simple ou soumise à certaines conditions. Si une défense est demandée soit avant, soit pendant, soit après un procès, pour prévenir une dégradation ou un abus imminent ou qu'on a

(1) Il s'agit du cas où le bénéficiaire d'un fidéicommis devient propriétaire, en vertu d'un autre titre, de l'objet même du fidéicommis.

(2) Le *mortgage* étant, au moins dans la forme, une sorte de vente sous condition de rachat, on comprend que des difficultés se soient élevées sur le point de savoir si le débiteur pouvait, avant d'avoir racheté le gage, agir en son propre nom.

(3) En matière d'interprétation de contrats, la Cour de chancellerie s'est attribué un pouvoir extrêmement large. Elle refuse souvent, par exemple, d'appliquer les clauses pénales ou de tenir compte des déchéances stipulées par les parties pour le cas d'inexécution du contrat dans un certain délai. Au contraire les Cours de droit commun s'attachent rigoureusement à la lettre des conventions.

sujet de craindre, la Cour peut l'accorder, sans qu'elle ait à rechercher si la partie adverse a ou non une possession contestée en vertu
d'un titre ou autrement, ou si (dans le cas où elle ne possède pas)
elle réclame ou non le droit de faire, en vertu d'un titre quelconque, l'acte que son adversaire veut lui interdire (1).

9. En cas de collision entre deux navires, si tous deux sont en
faute, on suivra, pour le règlement des dommages-intérêts, la jurisprudence de la Cour d'amirauté et non celle des Cours de droit
commun (2).

10. Dans les questions relatives à la garde et à l'éducation des
enfants, on s'attachera aux règles de l'équité.

11. Généralement, toutes les fois qu'il y a conflit ou désaccord
entre l'équité et le droit commun, les juges suivront les règles de
l'équité.

TROISIÈME PARTIE.

DES SÉANCES ET DE LA DISTRIBUTION DES AFFAIRES (3).

Art. 26. — *Abolition des termes.* — La division de l'année judiciaire en termes est supprimée (4).

Art. 27. — *Vacations.* — La durée et l'époque des vacations de
la haute Cour et de la Cour d'appel sont réglées par un ordre en
conseil sur l'avis des juges et de l'avis conforme du chancelier.

Art. 28. — *Séances pendant les vacations.* — Les affaires urgentes

---

(1) Voir sur la matière des injonctions ce que nous avons dit dans la notice,
p. 9. Le but de la disposition ci-dessus est de supprimer certaines difficultés
d'un caractère purement technique.

(2) Les deux parties étant en faute, aucune d'elles n'a droit, d'après la
jurisprudence des Cours de droit commun, à des dommages-intérêts. La Cour
d'amirauté, suivant une pratique toute différente, additionne le montant des
pertes subies de chaque côté et met la moitié de la perte totale à la charge
de chacune des parties.

(3) La plupart des articles de cette partie de l'acte ont été analysés, au lieu
d'être traduits littéralement.

(4) On appelait *termes* certaines époques de l'année en dehors desquelles
les Cours de droit commun ne pouvaient expédier certaines affaires ni même
autrefois siéger *in banco* : il y avait quatre termes, celui de Saint-Hillaire
(*Hilary*), du 11 au 31 janvier; celui de Pâques (*Easter*), du 15 avril au 8 mai;
celui de la Trinité (*Trinity*), du 22 mai au 12 juin; et enfin celui de Saint-
Michel (*Michaelmas*), du 2 au 25 novembre. Désormais il n'existe plus
aucune distinction entre les affaires relativement à l'époque de l'année où
elles peuvent être commencées et jugées.

continueront d'être expédiées, durant les vacations, à Londres ou dans le comté de Middlesex (1).

Art. 20. — *Juridiction des juges en tournée.* — La reine peut désigner, pour tenir les assises dans les comtés, tout juge de la haute Cour ainsi que toutes personnes ordinairement comprises dans les commissions d'assises (*of assize*) (2).

Tout procès soulevant une question de fait ou une question de fait et de droit peut, sur la demande d'une seule des parties, être

(1) M. Vernon Harcourt avait demandé à la Chambre des communes de supprimer les vacances et de les remplacer par des congés accordés aux magistrats, à tour de rôle; l'attorney général a combattu cet amendement et a proposé une clause additionnelle, devenue l'article 28, pour obliger les juges à organiser à Londres un service des vacations pour les affaires urgentes.

(2) La division de l'Angleterre en *circuits*, pour les tournées des juges, remonte au XII⁰ siècle; dans la diète de Northampton, en 1176, le nombre des circuits fut fixé à six. Il y en a maintenant huit, dont la composition a été réglée par une loi récente (26 et 27 Vict., c. 122). Deux juges des Cours de droit commun sont désignés pour parcourir chacun de ces circuits au printemps et à l'été, après les termes de Saint-Hilaire et de la Trinité; l'un d'eux préside le jury dans les affaires criminelles et l'autre dans les procès civils. Il y a aussi des sessions supplémentaires en hiver, dans les comtés les plus chargés d'affaires. Par exception, un seul juge est chargé de présider les assises civiles et criminelles dans les deux circuits du pays de Galles.

Les juges sont tenus de s'arrêter dans une ville au moins de chacun des comtés du circuit et dans toute ville formant à elle seule un comté; on perd ainsi beaucoup de temps et l'on impose aux jurés des dérangements inutiles, car le nombre des affaires de certains comtés est presque insignifiant. La commission de judicature (Rapp. de 1869, p. 17) proposait de remanier toute la division en circuits et de choisir, dans l'étendue de chaque circuit, un certain nombre de villes importantes où seraient jugées les affaires des comtés environnants.

Les juges, chargés de présider les assises, reçoivent quatre commissions distinctes : 1° *Commission of oyer und terminer;* c'est la plus large de toutes, elle leur permet de juger tous les criminels arrêtés dans les comtés; elle n'est pas adressée seulement aux juges, mais aussi à un certain nombre de magistrats locaux et de *serjeants at law* qui peuvent remplacer le juge, en cas d'empêchement; 2° *Commission of gaol delivery;* elle permet au juge de juger tout individu arrêté, de manière à vider les prisons; 3° *Commission of nisi prius;* c'est en vertu de cette commission que le juge préside au jugement des affaires civiles par le jury; 4° *Commission of the peace;* l'effet de cette commission est d'obliger tous les magistrats du comté à se rendre aux assises pour y rendre compte au juge de l'administration de la justice, des crimes commis, etc.

Le rapport de la commission de judicature proposait de remplacer toutes ces commissions par une seule qui serait adressée, non plus à un ou deux juges déterminés, mais à tous les juges de la haute Cour, de manière à ce qu'ils pussent se remplacer les uns les autres.

renvoyé aux assises des comtés ou aux assises de Londres et de Middlesex.

Si le procès ne soulève pas de question de fait, ce renvoi ne peut avoir lieu que du consentement de toutes les parties (1).

Art. 30. — *Des assises à Londres et dans le Middlesex.* — Des assises seront tenues, à Londres et dans le Middlesex, autant que possible sans interruption, et par autant de juges qu'il sera nécessaire (2).

Art. 31. — *Division de la haute Cour en chambres.* — Pour l'expédition des affaires, la haute Cour est divisée en cinq chambres composées : la première du lord chancelier, du maître des rôles et des vice-chanceliers; la deuxième du *chief justice* et des juges du banc de la reine; la troisième du *chief justice* et des juges des plaids communs; la quatrième du *chief baron* et des juges de l'échiquier; la cinquième du juge des testaments et divorces et du juge de l'amirauté.

Tout juge peut être transféré d'une chambre à l'autre par une décision de la reine; un juge, nouvellement nommé, siége dans la chambre où siégeait son prédécesseur (3).

(1) Tout procès qui ne soulève que des questions de droit est jugé à Westminster *in banco;* cependant les parties peuvent avoir intérêt à ce qu'un procès, même de pur droit, soit vidé dans un comté, à l'endroit même où il a pris naissance. Dans ce cas, elles peuvent demander qu'il soit renvoyé à la décision du juge chargé de présider les assises; mais la loi veut qu'elles soient d'accord pour solliciter ce renvoi.

Au contraire, quand un procès soulève une ou plusieurs questions de fait, chaque partie a en général le droit d'exiger que ces questions soient soumises à un jury, soit à Londres, soit dans un des comtés. Il y avait des règles étroites pour la détermination du comté où chaque procès, suivant sa nature et le domicile des parties, pouvait être jugé; toutes ces règles, comprises sous le terme technique de *local venue,* sont abrogées et désormais le demandeur peut, sous le contrôle de la Cour suprême, choisir le lieu où il devra être procédé au jugement. (Voir note 2, p. 55.)

(2) Jusqu'à ce jour, les Cours de droit commun tenaient à Londres des sessions d'assises distinctes; la loi limitait à 24 jours la durée de ces sessions, au moins de celles qui avaient lieu après les termes de Saint-Hilaire, de la Trinité et de la Saint-Michel et qui étaient les plus importantes. Aussi se plaignait-on de l'arriéré des affaires et de leur distribution inégale entre les trois Cours. Désormais il y aura des sessions perpétuelles, tenues par autant de juges qu'il sera nécessaire.

Nous rappelons ici qu'à Londres les assises criminelles ont lieu tous les mois, à la Cour centrale criminelle, établie depuis 1834 et divisée en plusieurs Cours que président soit les juges de Westminster, soit le *recorder* de la cité, soit des commissaires désignés à cet effet.

(3) Voir ce que nous avons dit dans la notice préliminaire, p. 18.

Art. 32. — *Pouvoir de changer la division en chambres.* — La reine peut, par un ordre en conseil, diminuer le nombre des chambres ou modifier la répartition des juges entre les chambres, sans toucher au nombre total des juges. Elle peut aussi, mais seulement en cas de vacance, supprimer les titres distinctifs qui appartiennent aux anciens présidents des Cours de droit commun et au maître des rôles. Toutefois ces changements ne seront définitifs qu'après avoir été communiqués aux deux Chambres du Parlement; dans un délai de trente jours, chacune des chambres pourra adresser à la reine une adresse pour la prier de renoncer aux modifications annoncées.

Art. 33. — *Règlements pour la distribution des affaires.* — La Cour réglera tout ce qui concerne la distribution des affaires, mais en se conformant aux indications contenues dans les articles qui suivent.

Art. 34. — *Attribution de certaines affaires à certaines chambres déterminées.* — Sont attribuées à la première chambre, dite de chancellerie, toutes les affaires actuellement pendantes devant la Cour de chancellerie et toutes celles qui (à l'exception toutefois des appels des Cours de comté) étaient de la compétence exclusive de cette Cour, comme l'administration des successions, la dissolution des sociétés en nom collectif, les comptes entre associés ou entre toutes autres personnes, les questions concernant le rachat d'objets donnés en gage (*redemption or foreclosure of mortgages*), la vente et la distribution des deniers provenant d'un bien grevé d'un privilége ou d'un droit de rétention (*subject to any lien or charge*), les fidéicommis au profit des particuliers ou d'une fondation charitable, la rectification, l'annulation ou la destruction de titres, l'exécution directe des contrats entre vendeurs et acheteurs d'immeubles, le partage ou la vente d'immeubles, la garde de la personne et des biens des enfants.

Les chambres dites du banc de la reine, des plaids communs et de l'échiquier, connaîtront respectivement des affaires actuellement pendantes ou qui, d'après leur nature, devraient être portées, à l'exclusion de toute autre, devant une des trois Cours de droit commun. En outre la Chambre de l'échiquier sera saisie des affaires pour lesquelles la Cour des faillites avait juridiction spéciale.

La Chambre des testaments, des divorces et de l'amirauté connaîtra des procès attribués jusqu'à ce jour aux trois Cours dont elle porte le nom.

Art. 35. — *Droit pour le demandeur de choisir la chambre où il veut porter sa demande.* — Sous réserve des dispositions de l'article précédent, le demandeur peut porter son action devant la chambre qu'il lui plaît de choisir, à l'exception de la cinquième chambre dite des testaments, des divorces et de l'amirauté.

Les demandes portées par erreur devant une chambre peuvent être renvoyées, s'il y a lieu, à la chambre compétente, sans que les actes de procédure antérieurs au renvoi puissent être déclarés nuls.

Art. 36. — *Renvois d'une chambre à une autre.* — En toute matière et en tout état de cause, les juges peuvent, même d'office, renvoyer une affaire d'une chambre à une autre ou d'un juge à un autre.

Art. 37. — *Assises à Londres et dans les comtés.* — Les assises seront présidées à Londres et dans les comtés par des juges des anciennes Cours de droit commun, auxquels la reine pourra adjoindre les juges ordinaires de la Cour d'appel et les juges de la Chambre de chancellerie, nommés postérieurement à la mise en vigueur du présent acte, ainsi que tous *serjeants at law* ou *queen's counsels.*

Art. 38. — *Roulement pour le jugement des élections.* — Les juges qui doivent être inscrits chaque année sur le tableau de service pour le jugement des élections contestées (acte de 1868) sont pris dans les chambres du banc de la reine, des plaids communs et de l'échiquier, et désignés par leurs collègues (1).

Art. 39. — *Pouvoir des juges de siéger seuls.* — Tout juge de la haute Cour peut expédier seul, soit publiquement, soit *in chambers,* les affaires qui, d'après les usages existants, sont de nature à être tranchées de la sorte ou que les règlements ultérieurs auront compris dans cette catégorie (2).

Art. 40-46. — *Formation de sections pour l'expédition des affaires.* — Il sera formé, dans le sein de la haute Cour, pour l'expédition des affaires qui ne peuvent être vidées par un seul juge, des sections composées autant que possible de trois juges ou, en cas de nécessité, de deux seulement ; le nombre de trois ne peut jamais être dépassé. Tout juge peut faire partie d'une section quelconque, et il peut y avoir un nombre indéterminé de sections siégeant à la fois. La présidence appartient au plus ancien juge, en tenant compte de l'ordre des préséances.

Les affaires qui sont aujourd'hui jugées *in banco* par les Cours de

(1) On sait qu'en vertu de l'acte de 1868, toutes les pétitions adressées à la Chambre des communes contre la validité des élections sont renvoyées à un juge des Cours de Westminster qui, après avoir entendu publiquement les témoignages et recueilli toutes les preuves fournies de part et d'autre, transmet à la Chambre sa décision motivée.

(2) Voir notice, p. 20.

droit commun seront jugées par des sections composées, autant que possible, de juges des Chambres du banc de la reine, des plaids communs et de l'échiquier.

Les procès réservés à la chambre dite de chancellerie seront jugés, en général, par un seul juge ; mais celui-ci pourra, d'accord avec le président, les renvoyer à une section.

De même les affaires qui sont de la compétence de la Chambre des testaments, des divorces et de l'amirauté pourront être renvoyées, de l'avis conforme du président de la haute Cour, à l'examen d'une ou plusieurs sections.

Seront portés devant des sections, dont la composition sera déterminée par les règlements, tous appels des petites sessions (*petty sessions*), des sessions trimestrielles (*quarter sessions*), des Cours de comté et, en général, des tribunaux inférieurs.

Les décisions rendues sur ces appels seront en dernier ressort, à moins que la faculté de se pourvoir devant la Cour d'appel n'ait été spécialement accordée par les sections mêmes de qui elles émanent.

Tout juge, siégeant seul, peut réserver à l'examen d'une section toute affaire ou toute question dont il se trouve saisi (1).

Art. 47. — *Questions de droit réservées dans les procès criminels.* — Il n'est rien changé à la législation concernant les questions de droit soulevées à l'occasion d'un procès criminel, sinon qu'au lieu d'être jugées par les magistrats des Cours de droit commun, elles seront soumises aux juges de la haute Cour siégeant au nombre de cinq au moins, sous la présidence de l'un des présidents des anciennes Cours de Westminster. Les décisions rendues en cette matière ne sont pas sujettes à appel (2).

Art. 48. — *Demandes à l'effet d'obtenir un nouveau jugement.* —

(1) L'ensemble des dispositions contenues dans ces articles paraît très-sagement combiné pour expédier un grand nombre d'affaires à l'aide d'un petit nombre de juges. On ne veut pas qu'en aucun cas plus de trois juges siégent réunis; on permet à toutes les chambres de la haute Cour de se diviser en autant de sections que l'exigent les nécessités du service. En outre beaucoup d'affaires peuvent être décidées par un seul juge, sauf à ce dernier à renvoyer à une section de trois membres les questions qui lui semblent difficiles ou d'une importance particulière.

(2) En vertu d'un acte intitulé « *an act for the further amendment of the administration of the criminal law* » (11 et 12 Vict., c. 78), les questions de droit qui s'élèvent au cours d'un procès criminel sont réservées par le juge pour être soumises aux juges des trois Cours de droit commun réunis au nombre de cinq au moins. S'il apparaît qu'il y a eu violation ou fausse application de la loi, la condamnation peut être annulée.

Toute demande pour obtenir un jugement nouveau, après un verdict du jury ou une décision du juge siégeant sans assistance du
jury (1), ainsi que toute demande soit à l'effet d'obtenir, soit à
l'effet d'arrêter une condamnation, nonobstant le verdict du jury (2),
ou à l'effet de faire entériner un verdict pour le demandeur ou le
défendeur ou un défaut-congé, ou encore à l'effet de faire réduire
le chiffre des dommages-intérêts (3), sera soumise à une section
de la haute Cour. L'appel contre un jugement fondé sur un verdict
du jury ne sera recevable devant la Cour d'appel qu'après que la partie lésée se sera pourvue devant une section de la haute Cour pour
obtenir que ce verdict soit annulé ou renversé ; en ce cas, l'appel
sera dirigé contre la décision rendue par la section (4).

Art. 49. — *Décisions non susceptibles d'appel.* — Aucune décision
de la haute Cour ou d'un juge de cette Cour rendue avec le consentement des parties ou sur une question de dépens, n'est susceptible d'appel, à moins d'une autorisation de la Cour ou du juge
de qui elle émane.

Art. 50. — *Manière de se pourvoir contre les ordonnances rendues*
in chambers. — Toute ordonnance rendue par un juge de la haute
Cour, *in chambers* (à l'exception de celles dont il est parlé en
l'article précédent), peuvent être annulées par une section ou
rapportées par le juge lui-même siégeant en audience publique,
suivant les divers modes usités d'après la nature des affaires. Aucun

(1) Il s'en faut que tout verdict du jury ou décision du juge sur une question de fait soit définitive. Voici l'indication sommaire des principaux cas où
la Cour peut accorder à la partie qui le réclame le bénéfice d'un nouveau
jugement (*new trial*) : 1° erreur du juge dans la direction du débat, soit que
le juge ait rejeté à tort un témoignage ou un document, soit qu'il se soit
trompé en expliquant au jury une question de droit; 2° erreur dans la composition du jury; 3° verdict rendu contre l'évidence judiciaire; 4° découverte
de nouveaux documents ignorés de la partie, etc...; même dans le cas où le
deuxième verdict est conforme au premier, la Cour peut accorder encore un
nouveau jugement.

(2) Si le demandeur prouve qu'en l'état des faits reconnus par le défendeur dans ses conclusions (*pleadings*), il y avait lieu de prononcer contre ce
dernier une condamnation sans soumettre aucune question au jury, la Cour
peut lui adjuger cette condamnation, *non obstante veredicto*. A l'inverse, le
défendeur peut arrêter une condamnation (*arrest of judgment*), lorsqu'en l'état
des faits, le jury ne devait pas être appelé à rendre un verdict sur la question
qui lui a été soumise.

(3) La Cour a le pouvoir, quand les dommages-intérêts accordés par un
jury lui paraissent excessifs, de les réduire dans de justes limites.

(4) L'appel des décisions des Cours de droit commun accordant ou refu-
sant un nouveau jugement, n'était recevable que s'il avait été autorisé par
l'une de ces Cours ou si le jugement n'avait pas été rendu à l'unanimité.

appel ne sera recevable contre une ordonnance rendue *in chambers* à moins qu'on ne se soit pourvu, comme il vient d'être dit, pour la faire annuler, ou à moins d'une autorisation spéciale, soit du juge qui l'aura rendue, soit de la Cour d'appel.

Art. 51. — *Mode de suppléer à l'absence d'un juge.* — Sur la demande du lord chancelier, tout juge de la Cour d'appel peut, s'il y consent, siéger comme juge de la haute Cour en remplacement d'un juge malade ou empêché, ou dont le siége est vacant, ou même à titre de juge adjoint à une des Chambres (*additional judge*).

Art. 52. — *Pouvoirs des juges de la Cour d'appel siégeant seuls.* — Dans les procès soumis à la Cour d'appel, toutes les mesures préparatoires, qui ne préjugent pas le fond, peuvent être ordonnées par un seul juge. Pendant le temps des vacations, un juge, siégeant seul, peut également ordonner toutes mesures urgentes et provisoires dans l'intérêt des parties, sauf appel, devant la Cour ou une section de la Cour, des ordonnances ainsi rendues.

Art. 53. — *Division en sections de la Cour d'appel.* — Tout appel sera jugé, soit par la Cour entière, soit par une section de la Cour, composée de trois membres au moins. Plusieurs sections, en nombre indéterminé, pourront siéger en même temps. Tout appel qui semblera, pour une cause quelconque, devoir être plaidé à nouveau avant la décision finale, pourra être replaidé devant un plus grand nombre de juges, si la Cour le trouve convenable (1).

Art. 54. — *Les juges ne peuvent connaître en appel de leurs propres décisions.* — Aucun juge de la Cour d'appel ne pourra connaître de l'appel d'un jugement auquel il aurait pris part ou d'une ordonnance qu'il aurait rendue, comme membre de la haute Cour.

Art. 55. — *Règlements intérieurs pour l'expédition des affaires soumises à la Cour d'appel.* — Les règlements pour l'expédition des affaires et l'organisation des sections seront faits par la Cour elle-même. Dans le cas où la juridiction d'appel du conseil privé serait transférée à la Cour d'appel, il sera formé au moins une section qui siégera toute l'année (sauf les vacances) pour juger les appels dont il s'agit; cette section sera composée, autant que possible, de juges de la Cour d'appel faisant partie du conseil privé. Pourront participer aux délibérations de ladite section tous les membres du conseil privé qui, ayant rempli les fonctions de juge dans les Indes Orien-

(1) Dans les cas difficiles, on comprend que trois juges puissent se trouver embarrassés de prononcer une sentence définitive, et éprouvent le besoin d'ordonner que les débats seront recommencés devant la Cour entière.

tales ou dans les possessions anglaises d'outre-mer, auront été désignés, conformément à la législation actuelle, pour siéger dans le comité judiciaire du conseil privé.

QUATRIÈME PARTIE.

JUGEMENT ET PROCÉDURE.

Art. 56-59. — *Arbitres-rapporteurs et assesseurs*. — En toute matière, sauf dans les procès criminels et sous réserve du droit qui peut exister aujourd'hui pour les parties de soumettre certaines affaires à un jury (1), la haute Cour et la Cour d'appel peuvent charger un arbitre-rapporteur officiel (2) ou spécial d'examiner

(1) La commission de judicature avait proposé de laisser au juge, en toute matière, une liberté absolue à l'effet de décider si l'affaire serait jugée par le juge lui-même, ou par un jury, ou par un arbitre-rapporteur. Tout en réservant aux parties le droit de requérir la convocation du jury dans les cas où ce droit leur appartient aujourd'hui, l'acte du 5 août 1873 a permis néanmoins au juge de confier à un arbitre la décision de toutes questions de fait dont la solution exigerait de longues recherches ou des connaissances spéciales. C'est là une porte par laquelle beaucoup d'affaires échapperont au jury et que la pratique travaillera sans doute à élargir.

En ce qui concerne le droit qu'ont aujourd'hui les parties de demander ou les juges d'ordonner la réunion d'un jury, on sait déjà que la Cour de chancellerie tranche d'ordinaire elle-même et sans jury toutes les questions de fait et de droit. La Cour d'amirauté n'a pas le pouvoir de convoquer un jury; elle peut seulement, en vertu d'une loi récente, renvoyer une ou plusieurs questions de fait à une Cour de droit commun. Dans la pratique, on ne cite qu'un seul exemple d'un semblable renvoi; le juge préfère trancher seul toutes les questions. Dans les Cours des testaments et des divorces, le juge détermine lui-même, à l'occasion de chaque affaire, si elle sera jugée par lui seul ou par un jury. Quand les parties sont d'accord pour réclamer un jury, le juge fait droit le plus souvent à leur demande; il y a deux cas où la convocation du jury ne peut être refusée, c'est celui où un héritier en ligne directe (*heir at law*) est partie à un procès sur testament et celui où il s'agit d'une dissolution de mariage.

La théorie est toute différente dans les Cours de droit commun; là le jury a toujours été considéré comme le juge nécessaire des questions de fait. Toutefois la pratique, dans ces derniers temps, ne s'accordait pas entièrement avec la théorie; les parties tombaient souvent d'accord pour s'en remettre à la décision du juge ou à un arbitrage. La loi de 1854 (C. L. *procedure act*) a introduit, en matière de comptes, quelque chose d'analogue à l'arbitrage forcé; le juge peut, en pareil cas, obliger les parties à se retirer devant un arbitre. Il a le même pouvoir, dans le cas où les parties elles-mêmes se sont obligées par écrit, avant le procès engagé, à se soumettre à un arbitrage. (Voir *Commission of judic. first rep.*, 1869, p. 12.)

(2) C'est la commission de judicature qui, frappée des inconvénients de

les prétentions des parties et de faire un rapport à la Cour. Ce rapport peut être homologué en tout ou en partie; s'il est homologué, il aura la valeur d'un jugement. La haute Cour et la Cour d'appel peuvent aussi se faire assister, pour le jugement d'une affaire, par un ou plusieurs assesseurs (1) ayant des connaissances spéciales. Les honoraires des arbitres et des assesseurs sont fixés, s'il y a lieu, par la Cour.

Toutes les fois qu'il s'agit entre les parties d'une question de comptes ou d'une matière qui exige l'examen de nombreux documents ou des investigations locales ou scientifiques, lesquelles ne sauraient être faites convenablement devant un jury ou par les officiers ordinaires de la Cour, ou même en toute matière, si les parties y consentent, la haute Cour peut confier à un arbitre-rapporteur officiel ou spécialement choisi par les parties, la mission de prononcer sur toutes questions de fait ou de comptes qui naissent du procès. La décision de l'arbitre, à moins qu'elle ne soit annulée par la Cour, a en pareil cas la valeur d'un verdict du jury.

Sont attribués à la haute Cour tous les pouvoirs qui, en vertu de

l'arbitrage ordinaire, a proposé de créer, auprès de la Cour suprême, des arbitres officiels (*official referees*).

Dans la pratique, les parties obligées de recourir à l'arbitrage ont pris, jusqu'à ce jour, pour arbitres soit des avocats, soit des experts. Or les avocats, dit la commission, ne peuvent donner à un procès cette attention continue qui est essentielle à l'expédition prompte et satisfaisante des affaires. Quant aux experts, leur ignorance de la loi sur les preuves judiciaires les expose à laisser introduire au débat des questions qui n'ont rien à y faire. D'ailleurs ni avocats ni experts n'ont sur les parties une autorité suffisante et ils font, trop souvent, dépendre le chiffre de leurs honoraires du nombre et de la durée des réunions. Enfin la décision rendue par l'arbitre n'est susceptible d'aucun recours, si erronée qu'elle puisse être, pourvu que l'arbitre n'ait pas excédé ses pouvoirs (*Rep.* 1869, p. 13).

(1) La Cour d'amirauté pouvait, en certains cas, requérir le concours d'assesseurs pris dans la marine ou parmi les négociants; beaucoup d'affaires étaient en outre renvoyées à un des officiers de la Cour, appelé *registrar*, qui pouvait également se faire assister par une ou plusieurs personnes ayant des connaissances spéciales. Les décisions du registrar étaient sujettes à appel devant le juge.

La commission instituée pour étudier la matière des brevets d'invention avait proposé en 1864 de soumettre les difficultés relatives à la validité des brevets à un juge assisté d'un certain nombre d'assesseurs, qui seraient désignés par lui pour chaque affaire, et n'auraient que voix consultative. On n'appellerait un jury que si les deux parties s'accordaient à le réclamer. Il a paru à la commission de judicature que, non-seulement en matière de brevets, mais encore en toute matière exigeant des connaissances techniques, le juge ou l'arbitre-rapporteur, substitué au juge, devait pouvoir se faire assister par des hommes spéciaux (*Rep.* 1869, p. 14).

l'acte de 1854, appartenaient aux juges de droit commun relativement aux arbitrages, à la procédure devant les arbitres et aux sentences de ces derniers.

Art. 60-66. — *Établissement de greffiers de district dans les comtés.* — [Ces articles permettent à la reine d'établir, aussitôt après la promulgation de la loi, sur divers points de l'Angleterre, des fonctionnaires qui, sous le nom de *district registrars*, pourront délivrer des ordres de citation (*writs of summons*) (1) devant la Cour suprême, procéder à certains actes préliminaires au jugement (saisies conservatoires, etc.), prononcer certains jugements par défaut (2) ou se livrer, en vertu de la délégation de la Cour, à toutes recherches, vérifications de documents ou de comptes entre les parties.]

Art. 67. — *Droit pour la haute Cour de renvoyer aux Cours de comté certaines affaires.* — [Cet article ne fait qu'étendre à la haute Cour les dispositions de l'acte de 1867 (30 et 31 Vict., c. 142, art. 8 à 10), qui permet aux Cours supérieures de juger elles-mêmes ou de renvoyer aux Cours de comté les affaires qui sont de la compétence de ces dernières.]

Art. 68 à 70. — *Règlements; assemblées des juges.* — [Ces articles permettent à la reine, en conseil, et après avoir pris l'avis des juges, de faire, avant le 2 novembre 1874, des règlements concernant les séances de la Cour suprême, l'époque et le lieu des assises des comtés, et en général tous les points qui ne sont pas déterminés dans le présent acte et dans l'annexe au présent acte contenant des règles de procédure. Ces règlements seront communiqués aux deux Chambres du Parlement, qui pourront, dans le délai de quarante jours, en demander l'annulation.

Après la mise en vigueur du présent acte, des règlements nouveaux pourront être faits par la majorité des juges, avec l'approbation du chancelier, et devront être de même communiqués au Parlement. Il y aura, une fois au moins chaque année, une assemblée générale des juges de la Cour suprême à l'effet d'examiner comment fonctionnent la présente loi et les règlements en vigueur, et de rechercher s'il n'existe pas de défauts dans le système de la procédure de la Cour suprême ou des tribunaux inférieurs. Un rapport annuel, indiquant les améliorations à introduire dans la législation en ce qui concerne l'administration de la justice, sera adressé au ministre de l'intérieur (3).]

(1) Voir p. 48, note 1.
(2) Voir p. 50, note 1.
(3) Le législateur anglais a toujours eu soin de laisser aux Cours supérieures

CINQUIÈME PARTIE.

OFFICIERS ET OFFICES.

Art. 77 à 87. — [Tous les officiers qui, sous des titres divers (1), sont attachés aux anciennes Cours supérieures passent, en la même qualité, auprès de la Cour suprême, et conservent leur rang, leur traitement, leur droit à la retraite, etc... Chacun des juges de la haute Cour a droit à deux secrétaires (*clerks*), nommés et révoqués par lui, attachés à sa personne, et recevant du trésor public un traitement, l'un de 400 livres, l'autre de 200 livres; les présidents des anciennes Cours de droit commun et le maître des rôles auront, en outre, un secrétaire particulier au traitement de 500 livres. Les juges ordinaires de la Cour d'appel n'auront qu'un secrétaire, au traitement de 400 livres.

Tous les avoués, attachés aux anciennes Cours sous le nom de *solicitors*, *attorneys* ou *proctors by law* (2), ont droit de remplir,

une très-grande liberté en ce qui concerne le règlement des détails de la procédure et de l'organisation intérieure. Les actes de 1852 et de 1854 sur la procédure de droit commun ont confié aux juges la mission de rédiger un Code de règles pour la mise en vigueur des réformes nouvellement décrétées; ces Codes ont été publiés sous le titre de « *general rules and orders* » en 1853, 1854 et 1867. Quant aux règlements émanant de la Cour de chancellerie, ils ont été réunis en un Code unique sous le titre de « *general orders* ».

(1) Le nombre des officiers qui, dans les diverses Cours, assistent les magistrats pour l'expédition des affaires est plus considérable qu'on ne le croit d'ordinaire. Il y a, auprès de chaque Cour de droit commun, cinq *masters* chargés de taxer les frais, de liquider les dommages-intérêts et même de statuer *in chambers*, aux lieu et place du juge, sauf dans les questions qui touchent à la liberté personnelle. A la Cour de chancellerie sont attachés sous le nom de *chief clerks*, *commissioners to administer oaths*, *taxing masters*, un certain nombre d'officiers qui ont remplacé les anciens *masters in chancery*; il y a en outre près de cette Cour trois *clerks of records and writs*. Nous ne parlons ni des *registrars*, attachés à la même Cour, ainsi qu'aux Cours d'amirauté, des testaments, des faillites, ni des autres officiers qui, dans chaque Cour, portent les noms les plus divers. Des plaintes se sont élevées en Angleterre au sujet du nombre de ces officiers et du fardeau qu'ils font peser sur le trésor public. Une commission a été chargée d'étudier la question; son rapport, qui vient d'être déposé (*Times*, 26 juillet 1873), demande qu'à l'avenir aucun office ne puisse être créé sans l'autorisation écrite du premier ministre. Nous voyons, par le rapport de cette commission, que la justice civile en Angleterre coûte, chaque année, au budget, en dehors des *fees* payés par les plaideurs, 800,000 livres ou plus de 20 millions.

(2) Les avoués près les Cours de chancellerie ont le titre de *solicitors*, ceux près des Cours de droit commun s'appellent *attorneys*; mais tout attorney est en même temps solicitor et réciproquement. On donne le titre de *proctors* aux avoués des Cours ecclésiastiques et de l'amirauté.

auprès de la Cour suprême, leurs anciennes fonctions comme si le présent acte n'avait pas été voté ; ils reçoivent le titre de *solicitors of the supreme Court.*]

SIXIÈME PARTIE.

JURIDICTION DES COURS INFÉRIEURES.

Art. 88-91. — [Ces articles donnent à la reine le pouvoir de conférer à tous les tribunaux inférieurs, en matière civile, la juridiction d'équité et d'amirauté qui appartient déjà à un certain nombre de Cours de comté. Les tribunaux ainsi investis de la plénitude de juridiction appliqueront simultanément le droit commun et l'équité dans tous les procès, comme la haute Cour de justice.

Il est permis à ces mêmes tribunaux inférieurs de statuer même sur des matières qui ne sont pas de leur compétence ordinaire, en tant seulement que ces matières leur sont soumises par voie de défense ou de demande reconventionnelle contre une action dont ils doivent régulièrement connaître. Toutefois les demandes reconventionnelles ne peuvent donner lieu, au profit du défendeur, à aucune condamnation excédant le taux de la compétence du tribunal. Dans tous les cas, la haute Cour a le droit d'évoquer le procès tout entier.]

SEPTIÈME PARTIE.

DISPOSITIONS DIVERSES.

Art. 92 à 100. — [Ces articles sont relatifs au transfert des archives des anciennes Cours, au maintien des attributions du lord chancelier, du chancelier de Lancastre, etc...; et à l'interprétation des termes techniques employés dans le présent acte.]

ANNEXE.

RÈGLES DE PROCÉDURE.

De la forme des actions en justice.

Art. 1er. — Tous procès portés devant la haute Cour sont introduits, quelle que soit leur nature, par voie d'action (*shall be instituted by a proceeding to be called an action*) (1).

(1) Le terme technique d'*action*, emprunté au droit romain, était réservé aux procédures engagées devant les Cours de droit commun; les procès portés en

De la citation.

Art. 2. — Tout procès devant la haute Cour est commencé par la délivrance d'un ordre de comparution appelé *writ of summons*, au dos duquel est indiquée la nature ou l'objet de la demande et qui contient en outre la désignation de la Chambre à qui l'affaire doit être soumise (1).

Art. 3. — Les formes des ordres de comparution, applicables aux diverses causes ordinaires d'action, seront déterminées par les règlements de la Cour, et tous les frais occasionnés par une rédaction prolixe ou s'écartant du formulaire peuvent être mis à la charge du demandeur (2).

Art. 4. — Il n'est pas délivré d'ordre de comparution quand le défendeur comparaît volontairement par l'intermédiaire d'un avoué (3).

Cour de chancellerie, d'amirauté ou des testaments étaient désignés sous le nom de *suits*. Comme dans le droit romain, à chaque lésion particulière d'un droit et à chacun des remèdes différents que le demandeur pouvait obtenir de la justice, correspondait autrefois une action, et à chaque action était attachée une formule spéciale connue sous le nom de *form of action*.

Le demandeur avait le choix entre toutes ces formules; mais il était tenu d'indiquer dans la citation originaire (*original writ*) les circonstances de fait qui justifiaient l'emploi de cette formule particulière. S'il se trompait dans le choix de la formule ou dans l'énumération des faits qui devaient servir de base à l'action, il s'exposait à être déclaré non recevable.

La loi de 1852 sur la procédure devant les Cours de droit commun (C. L. Pr. act 1862, art. 3) a décidé qu'il ne serait plus nécessaire, à l'avenir, d'indiquer dans la citation introductive d'instance aucune formule d'action. En fait, cela équivaut presque à l'abolition des anciennes formules.

(1) Un *writ of summons* est, à proprement parler, l'équivalent de ce que nous appelons dans notre procédure criminelle un mandat de comparution. C'est un ordre signifié au défendeur, au nom de la reine, d'avoir à se présenter dans un délai fixé, devant telle Cour de justice. Voici la formule prise dans l'acte de 1852 sur la procédure de droit commun : « Victoria, etc..., à C. D. (nom du défendeur), de (domicile), etc... Nous vous ordonnons de, dans les huit jours de la remise du présent mandat, y compris le jour de ladite remise, comparaître dans notre Cour de..., dans un procès (*action*), à la requête de A. B. (demandeur). »

Devant la Cour d'équité les procès étaient introduits, jusqu'à ce jour, non par un *writ of summons*, mais par une requête adressée au chancelier et désignée sous le nom de *bill* ou d'*information* suivant qu'elle émanait d'un particulier ou de l'*attorney general*, agissant pour les droits de la reine ou des personnes placées sous sa garde (aliénés, établissements charitables, etc.).

(2) On retrouve dans cette disposition un vestige de l'ancien système des formules; les actions les plus usuelles ont gardé dans la langue du droit un nom qui leur est propre. Le demandeur doit donc, en se conformant aux règlements de la Cour, indiquer sommairement, au dos de la citation, en vertu de quelle cause juridique il agit, par exemple, en matière de contrats, si c'est en vertu d'une vente, ou d'un prêt, ou d'un louage d'industrie, etc.

(3) Chez nous les parties ne peuvent régulièrement se présenter sans citation que devant le tribunal de justice de paix (Code de pr. civ., art. 7).

Art. 5. — L'ordre de comparution est signifié, autant que possible, à la personne du défendeur; mais la Cour peut, en tenant compte des circonstances qui rendent cette signification difficile ou impossible, autoriser tout autre mode de signification ou d'avertissement (*notice*) (1).

Art. 6. — Lorsque le défendeur réside hors de la juridiction de la Cour, celle-ci détermine, suivant les cas, la manière dont l'ordre de comparution doit lui être signifié ou être porté à sa connaissance.

Art. 7. — Toutes les fois que le demandeur réclame le payement d'une somme d'argent liquide, avec ou sans intérêts, en vertu d'une lettre de change, d'un billet à ordre, d'un chèque ou de tout contrat en général, ou en vertu de la loi, il peut faire mentionner d'une façon spéciale, au dos de l'ordre de comparution, les éléments dont se compose la somme par lui réclamée, déduction faite des à-compte reçus.

(1) Avant la réforme de 1852, l'ordre de comparution devait nécessairement être signifié à la personne même du défendeur. Cette signification s'opérait au moyen de la remise d'une copie faite par l'officier qui en était chargé, et si le défendeur le réclamait, par l'exhibition de l'original.

Toutes les fois que le défendeur ne pouvait être trouvé en personne, l'ordre de comparution était envoyé au sheriff qui, après enquête sommaire, saisissait les biens de l'absent, ou, s'il n'existait aucun bien, dressait un procès-verbal de carence. Cette saisie avait pour but d'avertir le défendeur et de le forcer à sortir de sa retraite. En fait, il arrivait souvent que le défendeur n'avait connaissance de la saisie qu'après un long délai; les frais étaient dans tous les cas très-considérables.

Lorsqu'il était certain ou probable qu'une personne se cachait pour échapper à la signification d'un ordre de comparution, on avait aussi recours, avant 1852, à la procédure d'*outlawry* dont le résultat était de faire considérer le défendeur absent comme mis hors la loi (*outlaw*) et de faire prononcer la confiscation de ses biens au profit de la couronne.

Lorsque le défendeur n'a pu être trouvé en personne et qu'il existe des raisons de penser qu'il a quitté l'Angleterre depuis moins de deux ans ou qu'il se tient caché, le juge peut, en vertu de l'acte de 1852, autoriser l'insertion dans le *London Gazette* d'un avis (*notice*) ainsi conçu : « A. B., soyez averti que si vous ne comparaissez pas à tel jour, le demandeur pourra vous faire considérer comme ayant réellement comparu (*enter an appearance for you*) et la Cour pourra lui accorder tout ce qui, dans sa demande, paraîtra justifié. »

On voit par ce qui précède que la signification à personne demeure la règle, mais qu'il est accordé au juge un pouvoir discrétionnaire pour remplacer cette signification par tout autre mode plus aisément praticable, et même par un simple avis inséré dans le Journal officiel de Londres. Si le défendeur, après avoir été cité en personne, ne comparaît pas dans le délai indiqué, le demandeur est autorisé à requérir défaut contre lui ou, pour mieux dire, à comparaître en sa place (*enter an appearance for him*). Il en est de même dans les cas où le juge est convaincu que le défendeur, bien que n'ayant pas été touché personnellement par la citation, en a eu néanmoins connaissance et refuse ou néglige de s'y soumettre.

La comparution peut avoir lieu soit en personne, soit par avoué (ce dernier mode de comparution est le plus général); elle se fait au moyen d'une déclaration au greffe de la Cour.

Si le défendeur ne comparaît pas, le demandeur peut obtenir condamnation immédiate jusqu'à concurrence de la somme demandée, avec les intérêts au taux indiqué et les frais.

Si le défendeur comparaît, le demandeur peut encore obtenir condamnation immédiate en établissant, au moyen d'un *affidavit*, la cause de sa créance et en affirmant sous serment qu'il croit de bonne foi que le défendeur n'a aucun moyen à faire valoir. De son côté, le défendeur peut, soit par *affidavit*, soit autrement, démontrer qu'il a des motifs sérieux de résister à la demande. Suivant les cas, le juge accorde ou refuse au défendeur la permission de défendre à l'action (1).

Art. 8. — Lorsqu'il s'agit d'une demande de comptes, par exemple entre associés, le demandeur peut également inscrire une mention spéciale au dos de l'ordre de comparution. Si le défendeur fait défaut ou ne prouve pas qu'il y a une question préliminaire à juger, les parties sont immédiatement renvoyées à compter, d'après le mode suivi devant la Cour de chancellerie (2).

Des parties.

Art. 9. — Aucune action ne peut être rejetée parce qu'une ou plusieurs personnes y ont à tort été comprises (3). La Cour peut toujours, même d'office, ordonner la mise hors de cause des parties qui figurent à tort dans l'instance, soit comme demanderesses, soit comme défenderesses; elle peut également ordonner la mise en cause de toute personne qui aurait dû être appelée au procès ou dont la présence semblerait nécessaire pour permettre à la Cour de régler définitivement et complétement toutes les questions du procès. Toutefois aucune personne ne pourra être appelée comme demanderesse au procès sans son consentement (4).

(1) Les dispositions de cet article sont empruntées à l'acte de 1852 sur la procédure devant les Cours de droit commun (art. 25 et 27). On a voulu que dans tous les cas où le chiffre de la réclamation du demandeur est déterminé à l'avance soit par le contrat, soit par une disposition de la loi, soit par une condamnation antérieure à raison de laquelle le demandeur prétend avoir droit à garantie contre le défendeur, celui-ci ne pût, soit en faisant défaut, soit par une résistance de mauvaise foi, obtenir un délai en obligeant le demandeur à suivre la procédure ordinaire. C'est pourquoi on a donné, en pareil cas, au juge le pouvoir d'apprécier sommairement s'il n'y a pas lieu de prononcer une condamnation immédiate.

(2) Les parties procèdent devant un officier de la Cour à l'établissement de leurs comptes, sauf à en référer au juge en cas de difficultés.

(3) Avant 1852, dans les actions personnelles nées d'un contrat, l'omission du nom d'une personne qui aurait dû figurer parmi les demandeurs ou l'addition en qualité de partie demanderesse d'une personne sans qualité ou encore la mise en cause par erreur, comme défenderesse, d'une personne étrangère au procès, pouvait entraîner le rejet de la demande entière.

(4) Ce pouvoir attribué au juge d'ordonner la mise en cause d'une personne que le demandeur et le défendeur originaires sont d'accord pour tenir hors du procès semble avoir quelque chose d'exorbitant. On a voulu empêcher à tout

Art. 10. — Lorsqu'un grand nombre de parties ont le même intérêt au procès, la demande peut être formée au nom d'une seule ou de plusieurs ou contre une seule ou plusieurs d'entre elles; les parties défenderesses peuvent aussi, avec l'autorisation de la Cour, se faire représenter par une seule ou plusieurs d'entre elles.

Art. 11. — Les associés en nom collectif (*co-partners*) peuvent agir ou être assignés sous le nom de leur raison sociale; toute partie au procès peut, en ce cas, s'adresser au juge, en son cabinet (*in chambers*), pour obtenir que la liste des noms des divers associés soit communiquée sous serment et vérifiée ainsi qu'il paraîtra nécessaire.

Art. 12. — Lorsque le défendeur a ou prétend avoir un recours en garantie, soit partiel, soit intégral, contre un tiers, ou s'il apparaît qu'une des questions du procès doit être résolue non-seulement entre le demandeur et le défendeur, mais encore entre ces derniers ou l'un d'eux et un tiers, qui ne figure pas au procès, la Cour peut, après avoir ordonné que ce tiers sera mis en cause, rendre toutes les ordonnances nécessaires pour vider définitivement toutes les questions du procès.

Art. 13. — Si le demandeur éprouve une incertitude pour savoir à qui il doit légalement s'adresser afin d'obtenir une réparation à laquelle il croit avoir droit, il peut, en se conformant aux règlements ou avec l'autorisation de la Cour, assigner plusieurs personnes à l'effet de faire juger, entre toutes les parties, lequel des défendeurs est responsable et dans quelle mesure.

Art. 14. — Les fidéicommissaires (*trustees*), exécuteurs testamentaires et administrateurs représentent légalement les personnes dont il sont chargés de protéger les intérêts; mais la Cour peut, en tout état de cause, ordonner que ces personnes ou l'une d'elles sera appelée au procès.

Art. 15. — Les femmes mariées et les enfants peuvent agir, comme demandeurs, par l'intermédiaire de leurs *next friends*, d'après l'usage suivi devant la Cour de chancellerie; les enfants peuvent de même défendre à une action par un tuteur *ad hoc*. Les femmes mariées peuvent en outre, avec la permission du juge, ester en justice, comme demanderesses ou défenderesses, sans l'assistance de leurs maris et sans *next friend*, à condition de donner telle caution pour le payement des frais que le juge croira devoir exiger (1).

prix la multiplicité des procès et éviter la contrariété des décisions judiciaires. (Voir *Com. of jud. first rep.*, p. 12.)

(1) Devant les Cours de droit commun, les mineurs pouvaient agir comme demandeurs, soit dans la personne de leur tuteur, soit dans celle du plus proche ami (*next friend*); ils ne pouvaient défendre à une action que par leur tuteur. Une femme mariée ne pouvait ester en justice, sauf dans des cas exceptionnels, sans l'assistance de son mari. Toutefois la loi de 1870 sur les biens des femmes mariées (voir *Annuaire*, 1re année, p. 55) a permis aux femmes mariées d'agir en leur propre nom et sans autorisation dans un certain nombre de cas.

La Cour de chancellerie avait une pratique un peu différente; les mineurs

Art. 16. — Le demandeur peut, à son choix, assigner tous ou seulement quelques-uns des débiteurs conjoints ou solidaires, y compris les souscripteurs d'une lettre de change ou d'un billet à ordre.

Art. 17. — L'action régulièrement engagée ne tombe (*shall not be abated*) ni par le mariage, ni par la mort, ni par la faillite d'une des parties, pourvu d'ailleurs que la cause de l'action ait survécu à cet événement; il en est de même en cas de transport ou dévolution à un tiers des droits litigieux. Dans le premier cas, la Cour peut ordonner la mise en cause du mari, des héritiers ou des fidéicommissaires. Dans le second cas, l'action peut être suivie par le nouvel ayant droit ou contre lui.

Des conclusions et de la position des questions (1).

Art. 18. — Le demandeur, s'il n'en a pas été dispensé par le défendeur

étaient représentés, comme demandeurs, par le plus proche ami (*next friend*) et comme défendeurs par un tuteur *ad hoc*. Quant aux femmes mariées, toutes les fois qu'elles avaient un intérêt distinct de celui de leur mari, elles étaient autorisées à agir en la personne d'un *next friend*. On suivra désormais la pratique de la Cour de chancellerie; en outre, le juge pourra toujours autoriser la femme à ester en justice en son propre nom.

(1) Le mot anglais, que nous renonçons à traduire littéralement, est *pleadings*; il désigne d'une manière générale la procédure écrite qui s'échange entre les parties depuis la citation jusqu'au jugement (*trial*) et dont le but est de préciser aussi rigoureusement que possible les questions du procès. Dans les Cours de droit commun, la nécessité de séparer le fait du droit et de ramener tous les procès à des questions simples ou même le plus souvent à une question unique, a donné naissance à un art très-subtil, très-ingénieux, connu sous le nom de *science of special pleading*. Le premier acte de la procédure écrite consistait dans une *déclaration* du demandeur, où les faits servant de base à sa demande étaient exposés brièvement et sous une forme technique; le défendeur signifiait à son tour un acte désigné sous le nom de *plea*. Il ne lui était pas permis de répondre d'une manière vague et générale; il devait ou soutenir en droit que les faits articulés par le demandeur n'étaient pas décisifs (cela s'appelle dans le langage technique *demur* parce que le défendeur arrête ainsi la procédure) ou leur opposer en fait une dénégation formelle ou articuler un fait nouveau de nature à modifier complétement la portée des faits contenus dans la déclaration du demandeur. Celui-ci était tenu de répliquer (*replication*); puis le défendeur répliquait à son tour (*rejoinder*) et ainsi de suite indéfiniment, jusqu'à ce que les deux parties fussent arrivées, en éliminant peu à peu tous les faits qui ne sont pas contestés ou qui ne sont pas pertinents, à réduire le procès entier à une simple question de fait (*issue of fact*) de nature à être soumise au jury. On comprend l'importance extrême qu'a dans ce système la procédure écrite, puisqu'elle fixe d'une manière définitive et irrévocable le champ de la discussion et que ni le demandeur ni le défendeur ne peuvent essayer de prouver devant le jury autre chose que ce qu'ils sont convenus entre eux de considérer comme le seul point à débattre.

Ceux de nos lecteurs qui désireraient étudier en détail ce système de procédure et se rendre compte du formalisme étroit, compliqué, minutieux dont il était empreint, liront avec intérêt les *Rapports* publiés en 1851, 1853, 1860, par

au moment de la comparution, est tenu de signifier à ce dernier, dans le délai et de la manière qui seront déterminés par les règlements, un exposé imprimé de sa demande. Le défendeur signifie à son tour un exposé imprimé de sa défense ou de ses demandes reconventionnelles, s'il a cru devoir en former; enfin le demandeur peut répliquer en la même forme. Ces mémoires ou conclusions seront aussi brefs que le permettra la nature de l'affaire; la Cour pourra ordonner que les frais inutiles occasionnés par la prolixité desdites conclusions resteront à la charge de la partie en faute.

Chaque partie peut arrêter (*demur*) la procédure de la manière qui sera fixée par les règlements (1).

La Cour ou le juge peut, en tout état de cause, autoriser chaque partie à modifier ses conclusions ou ordonner le changement des passages de ces conclusions qui seraient scandaleux ou ne tendraient qu'à embarrasser et retarder l'issue loyale du procès; il sera fait tous changements nécessaires pour arriver à préciser les questions véritables du procès entre les parties.

Art. 19. — Lorsque les conclusions du demandeur ou du défendeur ne dégagent pas suffisamment les points de fait sur lesquels doit porter le débat, le juge peut ordonner aux parties de s'entendre sur la position de ces questions, et en cas de désaccord entre elles, il peut les poser d'office.

Art. 20. — Le défendeur peut former une demande reconventionnelle en

la commission d'enquête sur la procédure des Cours de droit commun. En écartant le formalisme inutile, il reste au fond de ce système une idée juste et pratique, c'est qu'avant le débat final chacune des parties doit savoir exactement ce qu'elle est tenue de prouver. Toutes les questions inutiles ou sur lesquelles les parties sont d'accord doivent être rejetées hors du débat, de manière à ce que l'attention du juge et des jurés puisse être appelée sur ce qui est vraiment le point du procès.

Dans la Cour de chancellerie, les parties, au lieu d'échanger une série d'articulations concises et rédigées sous une forme technique, se signifiaient mutuellement des mémoires où elles exposaient, le plus souvent d'une manière prolixe, leurs moyens de fait et de droit.

Au lieu de choisir entre ces deux systèmes, l'acte du 5 août 1873 s'efforce de les concilier. « Le meilleur système, disait la commission de judicature, serait celui qui combinerait la brièveté relative et les formes plus simples de la procédure de droit commun (*of common law pleading*) avec l'obligation d'expliquer en langage ordinaire et intelligible la substance des faits qui servent de base à la demande ou à la défense. » Partant de cette idée, la commission a proposé d'obliger le demandeur à signifier un exposé concis des faits sur lesquels il s'appuie, en ayant soin de distinguer ces faits des moyens de preuve qu'il pourra fournir. A son tour, le défendeur ferait connaître les faits qui constituent sa défense. Si ces faits étaient nouveaux, il serait loisible au demandeur de répliquer. Le juge, en tout état de cause, pourrait permettre à chaque partie de modifier ses conclusions, de manière à dégager la véritable question du procès (*Rep*, p. 11). Ces recommandations de la commission ont été exactement suivies par le législateur.

(1) C'est-à-dire que chaque partie peut déclarer qu'elle tient pour constants, mais non comme décisifs, en droit, les faits allégués par son adversaire; la contestation est dans ce cas immédiatement soumise aux juges.

défense à l'action principale. Toutefois la Cour peut, à la requête du demandeur, refuser au défendeur l'autorisation de former cette demande reconventionnelle si elle pense qu'elle ne peut être convenablement jugée à l'occasion du procès actuellement pendant (1).

Art. 21. — Si la demande reconventionnelle est admise, la Cour peut prononcer en faveur du défendeur telle condamnation que de droit.

Art. 22. — Le demandeur peut réunir dans une seule action plusieurs demandes; toutefois si une de ces demandes paraît ne pas pouvoir être convenablement jugée avec les autres, la Cour peut ordonner qu'elle sera l'objet d'une procédure distincte (2).

Art. 23. — La Cour peut rendre telles ordonnances qui seront nécessaires pour empêcher qu'un défendeur soit injustement mis en cause et exposé à des dépenses dans un procès où il n'a aucun intérêt (3).

Art. 24. — Si la Cour, sur le vu des conclusions échangées, pense qu'il existe une question de droit qui doit être tranchée avant tout examen des questions de fait ou tout renvoi à un arbitre-rapporteur, elle peut ordonner que cette question lui soit immédiatement soumise en la forme qui semblera la plus convenable ou qui sera prescrite par les règlements ultérieurs.

Des interrogatoires et communications de pièces (4).

Art. 25. — Chacune des parties peut, en toute matière, demander que ses adversaires soient interrogés. Si les faits sur lesquels l'interrogatoire est demandé ne paraissent pas pertinents, le juge peut décider qu'il n'aura pas lieu. Lorsqu'une réponse semble insuffisante à la partie qui interroge, le juge statue sommairement.

Toutes les fois que l'interrogatoire paraîtra n'avoir été demandé que pour retarder l'issue du procès ou dans une pensée vexatoire, les frais en seront mis à la charge de la partie qui l'aura provoqué.

Art. 26. — Toute partie peut exiger la production de tout document indiqué dans les conclusions ou affidavits d'une autre partie; la demande de production sera faite par écrit et, s'il n'y est pas satisfait, le document ne

(1) On remarquera que la loi donne au juge un pouvoir considérable, à l'effet de restreindre ou d'élargir, suivant les circonstances, le champ du procès.

(2) De même qu'un défendeur ne pouvait auparavant former une demande reconventionnelle devant les juges saisis de l'action principale, de même le demandeur ne pouvait réunir en une seule action plusieurs causes de demande. On s'était attaché à simplifier, autant que possible, les procès et à les réduire à une question simple, unique, pouvant être aisément soumise à un jury.

(3) Ainsi, au début du procès, la Cour peut ordonner la mise hors de cause immédiate d'un défendeur qui a été appelé par erreur ou mauvaise foi.

(4) Nous traduisons ainsi le mot *discovery*, lequel s'applique aux éclaircissements qu'une partie peut obtenir, soit en interrogeant son adversaire, soit en exigeant de ce dernier la production de certains documents. (Voir notice, p. 9.)

pourra pas être invoqué en preuve, à moins que la partie n'établisse qu'elle avait des motifs légitimes de ne pas obéir à la sommation.

Art. 27. — La Cour peut en tout état de cause ordonner la production sous serment, par une des parties, de tous documents se rapportant à une question du procès. Il sera fait de ces documents tel usage que la Cour croira juste d'ordonner après leur production (1).

Du lieu du jugement.

Art. 28. — Tout procès peut être jugé en un endroit quelconque (2); mais lorsque le demandeur veut que le jugement ait lieu ailleurs que dans le comté de Middlesex, il doit indiquer dans ses conclusions le nom du comté ou de la ville où il désire que le procès soit jugé. Si la Cour n'en ordonne autrement, le jugement aura lieu dans l'endroit indiqué par le demandeur. Toutes les fois qu'aucun endroit n'aura été désigné, le procès sera jugé, à moins d'ordre contraire du juge, dans le comté de Middlesex. Toute ordonnance d'un juge en cette matière peut être réformée par une section de la haute Cour.

Art. 29. — Les rôles des procès qui doivent être jugés à Londres et dans le Middlesex sont préparés conformément aux règlements de la Cour, sans distinction des Chambres de la haute Cour.

Du mode de jugement.

Art. 30. — Les procès sont jugés ou par un juge seul, ou par plusieurs juges, ou par un juge assisté d'assesseurs, ou par un juge et un jury, ou par un arbitre-rapporteur officiel ou spécial, siégeant seul ou avec des assesseurs (3).

Art. 31. — Le demandeur peut choisir le mode de jugement qui lui semble préférable; mais le défendeur peut, à condition d'en donner avis dans le délai fixé par les règlements, réclamer comme un droit que toutes les questions de fait soient jugées par un juge et un jury (4); il peut aussi

(1) Le droit accordé à la Cour est très-large; il n'a, pour ainsi dire, pas de limites, puisqu'il s'étend même aux documents qu'une partie n'a pas mentionnés dans ses conclusions et veut, par là même, tenir en dehors du débat.

(2) Autrefois, les procès qui n'étaient pas jugés à Londres ou dans le comté de Middlesex ne pouvaient être portés que devant le jury du comté où le procès était né. C'est ce qu'on appelait *local venue*; mais les Cours de droit commun avaient reçu le pouvoir de déroger à cette règle, sur la demande d'une des parties.

(3) Voir note 1, p. 43.

(4) Il y a cette restriction que, si les questions de fait paraissent exiger l'appréciation de documents nombreux, ou des recherches scientifiques, ou l'examen d'un compte, le juge peut renvoyer l'affaire à un arbitre-rapporteur. En outre, nous avons vu que, dans les matières actuellement soumises aux Cours de chancellerie et d'amirauté et dans un certain nombre de celles sou-

demander à la Cour ou à un juge d'ordonner un autre mode de jugement que celui proposé par le demandeur.

Art. 32. — Dans tout procès la Cour ou le juge peut en tout état de cause ordonner que les différentes questions de fait seront jugées suivant des modes différents ou bien qu'une ou plusieurs de ces questions seront jugées avant les autres; il peut aussi désigner l'endroit ou les endroits où auront lieu ces divers jugements.

Art. 33. — Tout jugement d'une question de fait par un jury aura lieu devant un seul juge, à moins que la Cour n'en ordonne autrement.

Art. 34. — Lorsqu'un procès ou une question est renvoyée à un arbitre-rapporteur, celui-ci peut, en se conformant aux ordres du juge, tenir son audience ou l'ajourner en tel endroit qu'il jugera convenable et se transporter sur les lieux seul ou avec ses assesseurs, s'il en a. A moins d'un ordre contraire de la Cour ou du juge, l'audience doit être publique et être continuée de jour en jour, comme dans les procès soumis au jury.

Art. 35. — L'arbitre-rapporteur peut, avant la conclusion du procès porté devant lui ou dans son rapport final, soumettre à la Cour toute question née du procès ou se borner à constater certains faits en laissant à la Cour le soin d'en tirer telles conséquences que de droit (1).

La Cour peut demander à l'arbitre toutes explications sur le sens et les motifs de sa décision et renvoyer le procès ou une partie du procès pour nouveau jugement ou plus ample examen, soit au même arbitre, soit à un autre.

Des témoignages.

Art. 36. — En l'absence d'un accord entre les parties et sous réserve des règlements applicables à certains cas particuliers, les témoins seront entendus en public (2).

mises à la Cour des testaments et divorces, la convocation d'un jury, même pour les questions de fait, ne peut pas être réclamée comme un droit. (Voir art. 56, p. 43, et la note.)

(1) En d'autres termes, un arbitre-rapporteur peut, comme un jury, rendre ce qu'on appelle, dans la pratique anglaise, un verdict *spécial*, c'est-à-dire, au lieu de se prononcer pour l'une des parties, se borner à déclarer constants tels ou tels faits dont le juge aura ensuite à déterminer la portée juridique.

(2) En ce qui concerne la manière de recevoir les témoignages, il y avait des différences considérables dans la pratique des diverses Cours supérieures. La règle traditionnelle et constante devant les Cours de droit commun était que l'audition des témoins devait avoir lieu oralement et publiquement devant le juge ou le jury. Dans la Cour de chancellerie, les témoins étaient autrefois interrogés par un officier de la Cour, sur questions écrites à l'avance et hors la présence des parties et de leurs conseils. La pratique, dans les derniers temps, était de faire entendre les témoins par un officier (*examiner*), le plus souvent en dehors de la présence de la partie adverse qui, néanmoins, avait le droit de procéder ensuite à un contre-examen (*cross-examination*), soit devant un officier, soit devant le juge, en audience publique.

Dans la Cour d'amirauté, l'audition des témoins se faisait, depuis la der-

La Cour et le juge peuvent néanmoins, à tout moment et pour des motifs graves, ordonner qu'un ou plusieurs faits seront prouvés par témoignages écrits (*affidavit*) ou qu'il sera donné lecture de l'*affidavit* d'un témoin, à telles conditions que déterminera le juge, ou qu'un témoin empêché de comparaître par un motif légitime sera interrogé ou entendu devant un commissaire. Si la partie adverse réclame de bonne foi la comparution personnelle d'un témoin, afin de le contre-interroger, et que cette comparution soit possible, la Cour ou le juge ne devra pas autoriser la production d'un *affidavit* de ce témoin.

Art. 37. — Lorsqu'une partie demande une mesure interlocutoire (1), elle peut justifier sa demande par un *affidavit;* mais la Cour ou le juge peut, sur la demande d'une des parties, ordonner la comparution personnelle du témoin.

Art. 38. — Les *affidavits* ne relateront rien en dehors de ce que le témoin peut attester comme étant à sa connaissance personnelle (2); toutefois lorsqu'il s'agit d'une demande interlocutoire, le témoin peut indiquer son opinion et les raisons sur lesquelles cette opinion se fonde. Les frais de tout *affidavit* contenant sans nécessité de simples ouï-dire ou des discussions, ou des copies ou extraits de documents, seront à la charge de celui qui les produira.

Art. 39. — Toute partie peut déclarer qu'elle admet la vérité de tout ou partie des faits articulés dans la demande, défense ou réplique de l'autre partie.

Chaque partie peut sommer l'autre partie de reconnaître la sincérité de tel document (sous réserve des exceptions légitimes); en cas de refus ou de silence de la partie, les frais de vérification de la pièce seront à la charge de cette partie, quel que soit le résultat du procès, à moins que,

nière réforme de la procédure, oralement et publiquement devant le juge; il en était de même pour les Cours des testaments et des divorces.

Conformément à l'avis exprimé par la commission de judicature, il est établi comme règle générale que l'audition des témoins devant la Cour suprême aura lieu en audience publique, en présence du juge ou du jury. Toutes les fois qu'il y a désaccord entre les témoignages, disait la commission, ce procédé suivi par les Cours de droit commun est sans contredit le meilleur pour arriver à la découverte de la vérité. C'est seulement lorsqu'il s'agit de points de pure forme ou de moindre importance que le juge doit autoriser la production de témoignages ou déclarations écrites; même dans ce dernier cas, si la partie adverse demande de bonne foi à contre-interroger un témoin, le juge ne peut pas refuser d'ordonner la comparution personnelle de ce témoin (*Commission of judicature, Rep.,* p. 14).

(1) Le texte se sert du mot *interlocutory* que nous retrouverons tout à l'heure; ce mot s'applique à toutes les ordonnances qui peuvent être rendues par le juge avant la conclusion finale du procès.

(2) C'est une règle générale du droit anglais, en matière de preuves, que les témoins ne peuvent déposer de faits qui ne sont pas à leur connaissance personnelle; il leur est formellement interdit de rapporter de simples ouï-dire (*hearsay*).

lors du jugement, la Cour ne décide que le refus était fondé sur des raisons valables. Les frais de vérification ne seront alloués que s'il y a eu sommation préalable de reconnaître la pièce, à moins que l'officier taxateur ne pense que l'omission a eu lieu pour éviter les frais (1).

Des ordonnances interlocutoires (2).

Art. 40. — Chaque partie peut, en tout état de cause, demander à la Cour ou au juge de rendre une ordonnance fondée sur les faits qui sont reconnus par l'autre partie, sans qu'il soit nécessaire d'attendre la solution des autres questions pendantes (3).

Art. 41. — Le lord chancelier peut, d'accord avec le lord chief justice d'Angleterre, ordonner le renvoi de toute question de droit ou de fait d'un juge à un autre.

Art. 42. — La Cour ou le juge peut, en tout état de cause, ordonner qu'il soit procédé immédiatement aux vérifications ou aux comptes nécessaires entre les parties, encore qu'il existe une demande ultérieure ou spéciale qui, d'après sa nature, doit être jugée en la forme ordinaire.

Art. 43. — Lorsqu'il apparaît à première vue qu'une personne est obligée envers une autre en vertu d'un contrat et qu'elle prétend avoir droit à être relevée en tout ou en partie de cet engagement, la Cour ou le juge peut prescrire toutes mesures provisoires pour la conservation de l'objet en litige ou ordonner que la somme sur laquelle porte la contestation sera déposée ou garantie de toute autre manière (4).

Art. 44. — La Cour ou le juge peut, sur la demande d'une partie, ordonner la vente à telles conditions, époque et de telle manière qui seront fixées, de tous biens ou marchandises sujettes à dépérissement ou dont la vente semblerait nécessaire en raison des circonstances.

Art. 45. — La Cour ou le juge peut, sur la demande d'une partie et sous les conditions qu'il fixera, ordonner la saisie ou examen de l'objet en litige et autoriser une ou plusieurs personnes à pénétrer sur le terrain ou dans les bâtiments de l'une des parties et à y prendre des échantillons pour faire les expériences nécessaires. La Cour ou le juge peut aussi ordonner qu'il soit procédé à l'examen, sous serment, devant un officier de la Cour ou toute autre personne, en un lieu quelconque, de tous témoins ou personnes quelconques, et ordonner que les dépositions seront apportées à la Cour; elle peut autoriser toute partie à se servir de ces dispositions sous telles conditions qui seront déterminées par la Cour ou par le juge.

(1) Disposition conforme à la pratique des anciennes Cours.

(2) Voir note 2, p. 57.

(3) Cette faculté de diviser les procès de manière à ce qu'il soit statué tout d'abord sur les points de fait non contestés est une innovation; elle a été introduite sur la demande de la commission de judicature (*Rep.*, p. 12).

(4) Ainsi, quand il existe au profit du demandeur un titre apparent, la Cour peut obliger le défendeur à faire une consignation ou à donner caution.

Art. 46. — Le demandeur peut, avant ou même après avoir reçu la défense écrite de l'autre partie, mais avant d'avoir fait aucun acte ultérieur de procédure (à l'exception d'une demande interlocutoire), se désister par écrit de tout ou partie de son action, à condition de payer les frais ou la portion des frais occasionnés par la prétention à laquelle il renonce. Le désistement ne fera pas obstacle à une action ultérieure. Sous réserve de ce qui précède, le demandeur ne pourra retirer sa demande ou la discontinuer sans la permission de la Cour ou du juge; il en sera de même, dans tous les cas, pour le défendeur quant à ses exceptions ou demandes reconventionnelles. Tout jugement de défaut-congé (*nonsuit*) aura le même effet qu'un jugement rendu au profit du défendeur, à moins que la Cour n'ait ordonné le contraire; en cas d'erreur, surprise ou accident, tout jugement de défaut-congé peut être rapporté, sous les conditions que la Cour fixera, notamment en ce qui concerne le payement des frais.

Des dépens.

Art. 47. — La Cour a un pouvoir discrétionnaire relativement aux dépens de toute procédure (1), sans préjudice du droit des fidéicommissaires, créanciers gagistes ou autres personnes d'employer les frais sur certains fonds spéciaux, conformément aux règles suivies par les Cours d'équité.

Des jugements nouveaux et appels.

Art. 48. — Il ne sera accordé de jugement nouveau (2), sous prétexte de mauvaise direction du jury ou d'erreur du juge dans l'admission ou le rejet de certains témoignages, que si la Cour estime qu'il en est résulté quelque erreur substantielle, préjudiciable à la partie; si l'erreur n'affecte qu'un chef du procès, il ne sera ordonné qu'une révision partielle.

Art. 49. — Les *bills d'exceptions* et les procédures *in error* sont abolis (3).

____

(1) A la différence des Cours de chancellerie, d'amirauté, des testaments et des divorces, les Cours de droit commun ne pouvaient laisser les dépens à la charge de la partie victorieuse. La haute Cour et la Cour d'appel auront, à cet égard, le pouvoir le plus étendu; elles en useront toutes les fois que le montant des frais leur paraîtra hors de proportion avec l'importance de l'objet de la contestation. (V. *Commiss. of judic., Rep.*, p. 15.)

(2) Voir note 1, p. 41.

(3) Lorsque dans un procès soumis au jury, le juge avait commis une erreur de droit soit en recevant ou en rejetant à tort un témoignage, soit en expliquant d'une manière incorrecte un point de droit aux jurés, il était permis aux avocats de la partie qui se croyait lésée de déposer ce qu'on appelait un *bill of exception*. Après le verdict et le jugement rendus, la partie pouvait ensuite se pourvoir devant la Cour en révision pour cause d'erreur (*error*). Cette pratique n'était pas exempte de graves inconvénients; en règle générale, le *bill of exception* devait être déposé avant le verdict du jury, de sorte que la partie et ses conseils étaient forcés de le rédiger avec une préci-

Art. 50. — Tout appel sera formé par un simple acte signifié à l'adversaire ; cet acte indiquera si l'appel est général ou s'il ne porte que sur un ou plusieurs chefs déterminés (1).

Art. 51. — L'appel ne sera signifié qu'aux parties contre lesquelles il est dirigé ; mais la Cour peut ordonner la signification aux autres parties ou même à une personne qui n'est pas en cause et ajourner à cet effet le débat ; elle pourra ensuite statuer comme si cette personne avait été originairement en cause (2). L'acte d'appel peut être modifié dans ses termes, en tout état de cause, si la Cour le juge utile (3).

Art. 52. — La Cour d'appel a tous les pouvoirs de la Cour de première instance ; elle peut recevoir de nouveaux témoignages sur toutes les questions de fait, soit de vive voix, soit par *affidavit*, soit par l'intermédiaire d'un commissaire. L'autorisation de la Cour ne sera pas nécessaire pour la production de témoignages nouveaux, toutes les fois qu'il s'agit d'une demande interlocutoire ou d'un fait postérieur au jugement dont est appel. Dans tous autres cas, l'admission de nouveaux témoignages n'aura lieu que pour des motifs spéciaux et avec l'autorisation de la Cour. Il est loisible à la Cour de modifier ou renverser en tout ou en partie le jugement de première instance, encore que l'appel ne porte que sur une partie du

pitation extrême. D'autre part, il fallait que le juge reconnût par sa signature, mise au bas du bill, que sa décision ou son opinion avait été fidèlement rapportée ; point d'une haute importance, puisqu'il était interdit de chercher ailleurs que dans le bill lui-même la preuve de l'erreur commise par le juge. On comprend que souvent la rédaction du bill donnait lieu à des débats sans fin. Aussi, dans la pratique, les *bills of exception* avaient presque disparu. Les parties préféraient attendre le jugement et se pourvoir ensuite d'une autre manière, c'est-à-dire en demandant la convocation d'un nouveau jury (*by motion for a new trial*).

Les jugements des Cours de droit commun pouvaient être déférés à la Chambre de l'échiquier et ensuite à la Chambre des lords pour *erreur* de droit. L'erreur de fait ne donnait lieu qu'à une demande de nouveau jugement formée devant la Cour à qui appartenait le juge qui avait présidé le jury. A côté de la procédure pour cause d'erreur (*proceeding in error*), il y avait l'appel proprement dit (*appeal*), lequel n'était ouvert que dans le cas où une question avait été, lors du jugement par le jury (*trial*), expressément réservée et dans celui où la Cour, saisie d'une demande de convocation d'un nouveau jury, avait cru devoir autoriser un appel de sa propre décision ou n'avait pas été unanime pour rendre cette décision.

La procédure d'erreur est désormais supprimée et remplacée, dans tous les cas, par la procédure de l'appel.

(1) La procédure d'appel était assez compliquée et variait suivant qu'il s'agissait des jugements de telle ou telle Cour ; il y avait des formalités spéciales à la procédure d'*erreur*. Nous ne pouvons entrer dans le détail de ces formalités et de ces distinctions, aujourd'hui supprimées.

(2) Ce pouvoir donné à la Cour d'appel de mettre en cause une personne étrangère au procès en première instance peut paraître exorbitant. Cf. art. 9, p. 50.

(3) La Cour peut donc élargir les termes de l'appel dont elle est saisie.

jugement; elle peut même prononcer en faveur des parties qui n'ont pas appelé (1). Elle statue sur les dépens, d'après ce qui lui semble juste.

Art. 53. — Il ne sera nécessaire en aucun cas de former un contre-appel (2); mais si la partie intimée (*respondent*) veut demander une modification du jugement, elle se bornera à notifier son intention aux parties intéressées. Le défaut d'une semblable notification ne diminuera pas les pouvoirs de la Cour (3), mais pourra entraîner une condamnation aux frais de l'intimé.

Art. 54. — Quand l'appel soulève une question de fait, les témoignages reçus par la Cour de première instance sont apportés à la Cour d'appel.

Art. 55. — S'il s'élève quelque difficulté en ce qui concerne les instructions données par le juge de première instance au jury ou aux assesseurs, la Cour d'appel peut avoir égard à toutes notes, témoignages ou documents quelconques.

Art. 56. — Les ordonnances interlocutoires, dont il n'aurait pas été appelé, ne feront pas obstacle à ce que la Cour d'appel statue au fond avec une entière liberté.

Art. 57. — Aucun appel d'une ordonnance interlocutoire ne pourra être formé, à moins d'une permission spéciale, après le vingt et unième jour ; tout autre appel devra, à moins d'une permission spéciale, être formé dans l'année. Ces délais courront du jour où le jugement a été signé, enregistré ou est devenu définitif autrement, et en cas de rejet d'une demande adressée au juge, du jour de ce rejet (4). Les règlements de la Cour ou les or-

(1) Voir les deux notes qui précèdent.

(2) Le contre-appel (*cross-appeal*) est ce que nous appelons l'appel incident.

(3) Voir note 3, p. 60.

(4) Il y avait de grandes différences, en ce qui concerne les délais d'appel, entre les diverses juridictions.

Pour les appels devant la Cour de chancellerie, le délai était de cinq ans à partir du jugement, et même après ce délai, l'appel était encore recevable avec l'autorisation du lord chancelier ou des juges d'appel (*lords justices*). L'appel à la Chambre des lords des décisions de la Cour de chancellerie devait être formé dans les deux ans à dater de l'enregistrement de ces décisions.

Quant aux jugements des Cours de droit commun, le délai pour commencer la procédure d'*erreur* devant la Chambre de l'échiquier était de six ans, à partir du jugement définitif; il y avait un autre délai de six années pour appeler de la décision de la Chambre de l'échiquier devant la Chambre des lords. Le délai de l'*appel* proprement dit (voir note 4, p. 59) était de quatre jours seulement, mais il pouvait être étendu indéfiniment, sur la demande de la partie.

Les appels des décisions de la Cour de divorce devaient être formés dans le délai de trois mois, ou d'un mois, suivant qu'ils étaient portés devant la Cour entière ou devant la Chambre des lords. Ceux des jugements de la Cour de l'amirauté n'étaient recevables que si la partie avait manifesté l'intention d'appeler, soit immédiatement à l'audience, soit dans la quinzaine devant notaire.

Enfin, quant aux décisions de la Cour des testaments, le délai était d'un

donnances rendues dans des cas particuliers détermineront la somme à
déposer ou les sûretés à donner pour les dépens occasionnés par l'appel (1).

Art. 68. — L'appel n'est pas suspensif, à moins que la Cour ou le juge
qui a rendu le jugement ou la Cour d'appel n'en ordonne autrement (2).
Les actes intermédiaires ne seront pas annulés, à moins d'une décision
contraire de la Cour de qui émane le jugement frappé d'appel.

mois pour les ordonnances interlocutoires et il n'y avait aucun délai pour les
jugements définitifs.

On voit, par ce court aperçu, quelle confusion existait et combien il a dû
paraître indispensable à la commission de judicature (*Rep.*, p. 23) d'établir
une règle uniforme.

(1) Dans la pratique suivie jusqu'à ce jour, tout appel proprement dit d'un
jugement d'une Cour de droit commun était subordonné au dépôt d'une
somme suffisante pour le payement des frais; le défendeur qui voulait se
pourvoir par la procédure d'erreur était tenu d'effectuer le même dépôt. Au
contraire, on n'exigeait aucune garantie de la part du demandeur qui, après
avoir perdu son procès, avait recours à la procédure d'erreur. Dans la Cour
de chancellerie, celui qui formait appel d'un jugement sur le fond devait
déposer une somme de 20 livres; on n'exigeait aucun versement pour l'appel
d'un jugement interlocutoire. Dans les Cours des testaments et des divorces
et celle de l'amirauté, l'appelant n'était assujetti à aucune condition de ce
genre. Enfin, la Chambre des lords avait coutume d'obliger tout appelant à
signer un engagement personnel d'une somme de 400 livres, mais n'exigeait
aucun dépôt d'argent (*Com. of jud. first. rep.*, p. 23).

(2) L'appel n'était pas suspensif en matière de jugements rendus par la
Cour de chancellerie ou la Cour des testaments, à moins que la Cour, sur
requête spéciale, n'eût ordonné de surseoir à l'exécution. Il en était de même,
en fait, pour les jugements de la Cour des divorces. Quant aux jugements des
Cours de droit commun, l'appel était au contraire suspensif dès que le cau-
tionnement exigé avait été fourni. L'appel des décisions de la Cour d'amirauté n'était pas suspensif; mais la Cour, en cas d'appel, faisait ordinairement défense d'exécuter le jugement. Pour établir une règle générale,
la commission de judicature a proposé de décider qu'aucun appel n'arrêterait
l'exécution du jugement, à moins que la Cour de qui émane ce jugement
ou la Cour d'appel elle-même n'en ait ordonné autrement (*Rep.*, p. 24).

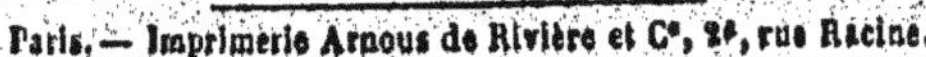

Paris. — Imprimerie Arnous de Rivière et Cⁱᵉ, 24, rue Racine.

PARIS. — IMPRIMERIE ARNOUS DE RIVIÈRE ET C°, 26, RUE RACINE.

www.ingramcontent.com/pod-product-compliance
Lightning Source LLC
Chambersburg PA
CBHW051123050726
47594CB00003B/934